사진으로 보는 헨리 G. 아펜젤러

H.G. APPENZELLER: A PHOTOGRAPHIC JOURNEY

Pioneer Missionary to Korea
Images from a Life, Faith and Service

편,저자 김 낙환

(사) 아펜젤러 기념사업회

[인사의 말씀]

아펜젤러기념사업회
이사장 곽명근

    1885년에 시작된 배재학당은 가장 오랜 학교의 역사를 가진, 우리나라에서는 최고(最古)의 교육기관입니다. 배재학당의 개교는 다음과 같은 두 가지 측면에서 조선사회에 새로운 시작이었습니다.
    첫째는 미국감리교회에서 파송된 감리교 선교사인 아펜젤러의 신앙(信仰)과 교육(敎育) 이념(理念)에 따라 배재학당은 기독교 정신을 바탕으로 세워졌다는 것입니다 또 다른 하나는 우리나라에서 가장 처음으로 세워진 서양식(西洋式)근대 교육기관이라는 것입니다. 서당(書堂)과 서원(書院), 향교(鄕校)를 통해서 유교적 철학을 교육의 전부로 알고 가르치고, 배우던 조선인들에게 아펜젤러는 서구식 교육제도와 철학을 도입하였습니다.
    배재학당(培材學堂)에서는 영어, 국어, 한문 등 언어학을 비롯하여 과학, 수학, 지리, 음악, 미술, 체육 등 서양교육의 대부분의 과목(科目)을 가르치고 서양의 학제(學制)가 도입되었습니다.

    그래서 우리는 이 두 가지를 계승(繼承)하고 발전시켜야 합니다. 오늘 날 우리가 이 두 가지 중 하나라도 잃어버리게 된다면 배재는 배재로서의 존재가치를 잃어버리는 것이 될 것입니다. 소금이 그 맛을 잃어버린 소금과 같은 것이 될 것입니다.

배재인들을 위해 펴내는 이 작은 책자는 아펜젤러가 조선에 오셨을 때의 조선인들의 모습과 당시에 이루어진 교육활동을 여러 사람이 여러 각도에서 찍은 사진들을 보여주고 있습니다.

저자(著者)는 92회 배재 동문(同門)입니다. 그는 그동안 누구보다도 아펜젤러를 많이 연구하신 동문 목사이십니다. 그는 자신의 입장에서 사진을 택하였고 그 사진들을 통하여 여러 각도에서 설명함으로 이 책을 구성하고 있습니다. 그가 엄선한 한장 한장의 사진들과 그의 설명이 아펜젤러를 배우고 이해하는데 많은 도움을 줄 것입니다.

아펜젤러 기념사업회에서 기획하여 만들고 배포하는 이 책이 배재를 입학하는 입학생들뿐만 아니라 배재를 졸업한 모든 동문들에게도 아펜젤러를 폭넓게 이해하는데 더 많은 도움을 주게 될 것입니다. 모든 분들이 일독(一讀)하게 되기를 바랍니다.

[추천의 글]

배재대학교 총장 김욱

　아펜젤러 선교사의 발걸음은 곧 배재의 시작이자 한국 교회의 새벽이었습니다. 1885년, 복음과 교육의 사명을 안고 이 땅에 오신 그는 배재학당을 세우며 근대교육의 길을 열었고, 신앙과 학문의 조화를 통해 민족의 미래를 준비하였습니다. 그의 헌신과 믿음은 오늘날까지 배재의 정신 속에 살아 숨 쉬고 있습니다.

　아펜젤러 선교사에 관한 책은 그 동안 많이 발간되었지만, 이 책은 사진을 중심으로 아펜젤러의 일생을 되돌아보고 있다는 점에서 특색을 가지고 있습니다. 이 책의 저자는 오랜 동안 아펜젤러 연구를 해 왔던 분입니다. 사진은 우리에게 많은 것을 전달해 줍니다. 특히 해당 인물과 사진의 맥락을 잘 알고 있는 사람이 사진을 해석할 때는 사진이 더 많은 것을 우리에게 전달해 줄 수 있습니다. 한 예로 저자는 늘 단체 사진 뒤편에 자리한 아펜젤러를 보면서 그의 겸손함을 읽어내고 있습니다.

　배재대학교는 아펜젤러 선교사의 뜻을 이어, "크고자 하거든 남을 섬기라"는 건학 이념 아래 수많은 청년 아펜젤러를 배출하고 있습니다. 아펜젤러 선교사가 근대교육의 씨앗을 뿌렸다면, 배재대학교의 재학생과 졸업생은 그의 정신을 이어받아 새로운 미래를 열어갈 것입니다. 이 책이 앞으로 대한민국과 세계를 이끌고 나갈 미래의 인재들에게 배재의 역사와 전통을 다시 한번 상기시켜 줌으로써, 과거와 현재 그리고 미래를 연결 지어주는 고리가 되기를 소망합니다.

　올해는 배재학당이 만들어진 지 140주년이 되는 해입니다. 그래서 이번 발간이 더욱 뜻이 깊습니다. 이 책이 나올 때까지 많은 분들이 도움을 준 것으로 알고 있습니다. 아펜젤러기념사업회 곽명근 이사장님을 비롯해 기념사업회 관련 많은 분들이 도움을 주었고 이 책의 저자 또한 기념사업회 사무총장을 맡고 있습니다. 모든 분들에게 깊은 감사를 드립니다.

[추천의 글]

황문찬 목사 (전 대신교회 담임, 배재학당 이사)

위인이라 불리는 삶은 흠모할 만합니다. 특히 배재인들에게 어려서 배운 아펜젤러는 삶의 지표가 되어주었습니다. 거기에 배재인의 긍지가 있고 그의 기도와 가르침에 의한 실천적 신앙 인생이 뜻 깊습니다. 조선이라는 흔들리는 나라, 대한제국이라 이름은 바꾸었으나 더욱 위기의 역사 속 백성들을 위해 아펜젤러는 희망을 가르치고, 그리스도적 사랑을 전파하며 궁극적 삶의 가치를 이 땅에 세우려고 하였습니다. 나라 사랑, 이웃 사랑이 하나님 사랑에 대한 감사와 그에서 비롯되는 사명임을 후학들에게 전수하려 하였습니다. 인물은 또 다른 인물을 가능케 하고, 그 인물들이 살아간 자취는 역사를 만듭니다.

사진은 현실을 찍지만, 그 사진은 인간의 인간 됨, 그 자취로서의 역사를 드러냅니다. 역사의 모순, 역사의 부조리는 여전한 것이지만 그 속에서 실현되고 실천되는 하나님의 섭리와 인간의 고난과 분투를 넘어선 감사할 자취도 담겨 있습니다. 물고 뜯는 세상, 약점을 만들고, 부당한 혐의를 끼리끼리 모여 제기하는 이 세상이 아닙니까? 사람 사는 부끄러움이요 정치적 대결의 눈꼴 사나운 모습 아닙니까? 이런 세상에서 본 받고, 믿고, 존경할 이가 있음은 축복입니다. 한 인간이 살다 간 뒤, 그 시대의 인물이 되는 평가가 쉽지 않습니다. 인간은 저마다 장단점이 있고 보는 시각에 의한 판정이 여러 가지이기 때문입니다. 내 것, 내 편을 만들고, 우리거야, 우리 편이야 파당을 명분화하는 오류로서 결국 헤게모니의 권력 주체가 되려고 담을 쌓으며 살기도 합니다.

　아펜젤러는 하나님과 인간, 이웃과 이웃, 동양과 서양의 벽을 넘고, 담을 허물면서 섬기는 자로서 포용하고, 다양성 안에서 화해와 협력을 이루는 가치를 보여줍니다. 교황이란 용어는 라틴어로 '다리'라는 명사 pons와 '만든다'는 동사 facere의 합성어로 '다리를 놓는 사람'이란 뜻이라 합니다. 아펜젤러가 바로 그런 역할을, 가치를 선교사의, 교육자의 신앙 인생으로 실천하였습니다.

　재즈와 클래식을 적용, 전통 탱고를 재해석한 누에보 탱고(Nuevo Tango)를 피아졸라는 슬픔을 춤추게 하는 음악이라 했습니다. 역사공동체의 비극에서, 개인 개인의 고단하고 억울하고 속상한 슬픔 속에서 누군가를 춤추게 하는 음악 같은 삶의 자취, 그런 인물을 배재는 설립자로 모셨고 그런 인물의 가르침을 지금도 배우고 또 배우며 배재의 역사는 달려 갑니다.

　아펜젤러 기념사업회(이사장 곽명근)에서 배재학당 창립 140주년을 맞으며 감사의 마음으로 아펜젤러의 자취를 펴냅니다. 사는 날의 수고로움을 열려진 축복의 삶으로 해석하게 하는 신앙의 길에서 아펜젤러의 생애는 우리를 돌아보며 진실에 대한 용기를 가지게 합니다. 배재인에게 일독을 권합니다.

[추천의 글]

아펜젤러는 사진과 글속에 살아 있다.

종교교회 원로목사 **최이우**

    대한민국의 구원역사는 140년 전 부활절아침 제물포항에서 첫 발을 내디딘 아펜젤러 · 언더우드선교사에 헌신으로부터 시작되어 그들의 헌신으로 말미암아 오늘의 한국교회가 있고 내가 있다. 한 사람의 그리스도인으로 이 땅의 한 모퉁이에서 작지만 소금으로, 빛으로, 산위에 있는 동네로 세상을 변화시키는 누룩처럼 살아가는 것은 예수그리스도 복음의 씨앗을 심고 물을 준 선교사의 삶에서 비롯되었다. 개인이든 집단이든 출발의 뿌리정신을 망각하면 존재자체가 흔들리고 마침내 변질되고 소멸될 수 있다.

    이스라엘백성이 해방의 감격으로 출애굽하여 홍해를 건너 40년 간의 광야를 지나 약속의 땅 가나안에 정착하였다. 꿈에도 그리던 젖과 꿀이 흐르는 땅에서 구원의 하나님을 예배하며, 세상 모든 민족에게 하나님을 증거하고, 하나님의 나라를 이루며 살아야 하는 이스라엘 백성에게 비극의 역사가 시작된 것은 하나님의 구원역사를 망각한데서부터 시작되었다. "백성이 여호수아가 사는 날 동안과 여호수아 뒤에 생존한 장로들 곧 여호와께서 이스라엘을 위하여 행하신 모든 큰일을 본 자들이 사는 날 동안에 여호와를 섬겼더라."(사사기2:7)
    그러나 그 세대의 사람들이 다 그 조상들에게로 돌아가고 그 후에 일어난 다른 세대는 여호와를 알지 못하며 여호와께서 이스라엘을 위하여 행하신 일도 알지 못하였다. 그 결과 이스라엘 자손이 그들의 조상들의 하나님 여호와를 버리고 그들의 주위에 있는 백성의 신들을 섬김

으로 여호와를 진노하시게 하였다.(사사기2:10-12)

　이것은 부모세대가 자녀세대에게 그 역사를 가르치지 않았기 때문이다. 고리타분한 과거의 기억보다 현실의 당면과제를 잘 해결하고 구원받지 못한 사람들 속에서 잘 살아남는 일이 더 중요하다고 여겨졌다. 아니 그런 것은 후에도 얼마든지 가능하다고 생각했을 수도 있다.

　한번은 믿음이 좋은 교우가 나를 찾아와 뜨거운 눈물을 흘리며 참회하며 한 말을 기억한다. '자녀가 믿음을 떠나 불신앙의 길을 가게 된 것은 전적으로 자신의 잘못이다. 고등학교 3학년 때 교회에 나가 시간 낭비하지 말고 입시에 전염하도록 강요한 결과 자녀가 목표한 우수한 대학교에 입학하여 공부 잘하고 있지만 교회는 완전히 등을 지고 있다'며 눈물을 흘렸다.

　역사는 단순히 과거를 잊지 않는 차원을 넘어서 오늘 우리의 정체성을 확인하고 그 정체성에 걸맞게 살아가도록 동기를 부여한다. 우리는 매일 성경 66권을 읽고, 교회공동체에서 함께 예배하며, 성만찬 예식을 통하여 예수 그리스도의 복음을 온 몸으로 받아 그 믿음으로 산다. 이것이 믿음의 현재성이다. 역사는 죽은 것이 아니라 살아있는 것이다. 지난 일에 대한 일회적 기록이 아니라 되풀이 해서 새롭게 쓰일 수 있는 것이다. 역사는 과거를 이해하는 일인 동시에 오늘을 위한 교훈과 열쇠를 얻게 한다. 역사는 한 시대가 다른 시대 속에서 주목할 만한 것을 찾아내는 작업이며, 역사는 과거를 현재에 비추어 이해하기 위한 것이다.

　친구 김낙환박사의 수고로 '사진으로 보는 H.G.아펜젤러'가 세상에 빛을 보게 된 것을 기뻐하며 축하드린다. 더불어 한국감리교회의 아버지 아펜젤러를 바로 알고 우리의 믿음과 헌신을 새롭게 할 수 있게 해준 아펜젤러기념 사업회에 감사드린다.

[머릿말]

한 장의 사진은 천마디의 말의 가치를 갖는 것

아펜젤러 기념사업회
사무총장 김낙환 박사

　세상에는 특별한 재주를 가진 사람들이 참 많기도 합니다. 제가 아는 미술 작가 한 분은 성경에 나오는 예수님과 관련된 대부분의 장면들을 그림으로 그리는 재주를 가졌습니다. 예수님 당시의 의상과 그들이 살았던 환경을 기가 막히게 사실처럼 표현하는 것을 보면 그분은 아마도 그 분야에 관하여 끊임없는 연구를 하면서 살아 왔을 것입니다.

　저는 가끔 세상에 나온 여러 가지 평전(評傳)들을 읽어 보면서 감탄을 할 때가 많이 있습니다. 글로서 사람의 일생을 그리는 것은 쉬운 일이 아님에도 불구하고 그 작가는 마치 그 시대에 그 인물과 함께 살아 본 사람처럼 잘 그렸기 때문입니다. 뛰어난 문장력과 더불어 그 분이 살았던 시대에 관한 엄청난 연구가 선행되었을 것입니다. 그러한 분들에 비하면 필자(筆者)는 참 재주가 부족한 사람이라는 것을 먼저 밝히려 합니다. 아펜젤러에 관한 여러 권의 책을 출판하였지만 여전히 부족하고 허점이 많다는 것을 본인 스스로 알기 때문입니다.

　이번에 아펜젤러 기념사업회가 출판하는 이 책은 특별한 목적(目的)이 있습니다. 아펜젤러의 생애와 사상을 세상에 알리려는 목적으로 세상에 태어난 아펜젤러 기념사업회로서는 배재학당의 설립자이신 아펜젤러가 어떤 삶을 사셨고, 어떤 분이신가를 독자(讀者)들에게 소개하려는 것이 이 책의 분명한 목적입니다. 그래서 그 분의 신앙(信仰)과 인품(人品)을 독자들이 배우고 그 분이 만들려고 했던 세상을 우리가 함께 만들어 가자고 하는 것이 이 책의 취지(趣旨)입니다.

제가 이 책을 구성하는데 있어서 가장 먼저 생각한 것은 당시에 찍힌 사진들을 소개하고자 하는 것이었습니다. 한 장의 사진은 천 마디의 말의 가치를 가지고 있기 때문입니다. 비록 순간을 찍었다 하더라도 그 사진은 그 순간을 영원히 붙잡아 두는 재주가 있습니다. 또한 사진 속에는 사진을 찍는 사람의 관심(關心)과 의도(意圖)가 반영되기도 합니다.

저는 아펜젤러가 등장(登場)하는 여러 장의 사진을 세심히 관찰하였습니다. 단체 사진 속에 나타나는 아펜젤러는 대부분이 인물들 가운데 가장 뒤쪽에 서 계십니다. 배재 학생들과 함께 찍은 어떤 사진에는 앞에 있는 한 학생으로 인해 얼굴이 반쯤은 가리워져 찍힌 것도 있고, 정동교회에서 찍은 어떤 사진은 아펜젤러는 맨 뒤에 계시기 때문에 주의 깊게 찾지 않으면 아펜젤러를 구별하지 못하게 되는 경우도 있습니다. 1898년 연례 회의를 마치고 찍은 사진에도 아펜젤러는 맨 뒤에 서서 사진을 찍었습니다. 그 옆에 누가 서있는가 하는 것을 보는 것도 매우 흥미로운 일입니다. 사진에 나타난 것으로 보아 아펜젤러는 무척이나 겸손하신 분이었을 것입니다. 사람들로 하여금 앞서게 하시고 자신은 언제나 묵묵히 뒤에 서 계신 분이었습니다.

또한 아펜젤러가 직접 찍은 사진을 보는 일도 재미있습니다. 왜냐하면 그것은 아펜젤러가 보고 싶은 것, 그가 남기고 싶은 것이 무엇인가를 보는 것이기 때문입니다. 그는 자신이 사역의 대상인 조선인과 조선인들의 문화(文化)를 무척 사랑하셨습니다. 그래서 그는 도시의 풍광 혹은 사찰과 건축물들 심지어 부처님도 찍었습니다. 그 모든 것이 그가 사랑한 조선인들의 문화였기 때문입니다. 아펜젤러는 사진을 찍고 그 사진 밑에는 그 사진을 찍은 날짜와 사진에 대한 간략한 설명을 기록하여 두었습니다. 그렇기 때문에 오늘날 그 사진을 보는 사람들이 더욱 확실하게 그 사진의 정황들을 상상해 볼 수 있는 것입니다.

이 책을 기획하게 해주신 아펜젤러기념사업회 곽명근 이사장님과 모든 회원 여러분들 그리고 배재학당을 이끌어 가시는 중,고 교장님들과 대학 총장님 그리고 모든 교직원 여러분들 그리고 재학생들과 배재를 졸업한 모든 동문 여러분들에게 감사를 드립니다. 내가 배재를 다닐 수 있었던 것은 하나님의 크신 은혜요, 축복입니다. 천국에 계신 아펜젤러 선교사님과 그 가족들에게 진심으로 감사를 드립니다.

2025년 7월
부암동 서재에서

CONTENS

인사의 말씀　이사장 곽명근 / 3
추천의 글　　배재대학 총장 김욱 / 5
　　　　　　배재학당 이사 황문찬 목사 / 7
　　　　　　종교교회 원로목사 최이우 / 9
머리말　　　사무총장 김낙환 / 11

제 1 장 아펜젤러의 조선 입국(入國)

헨리 게르하르트 아펜젤러(Henry Gehart Appenzeller, 1858-1902) / 21
가우처 목사(John Franklin Goucher, 1845-1922) / 23
매클레이(Robert Samuel Maclay, 1824. 2. 7-1907. 8. 18) / 25
보빙(報聘) 사절단(使節團) / 28
1885년 3월5일 일본 요코하마에 도착한 아펜젤러 부부 / 31
조선에 온 첫 감리회 선교사, 헨리 G.아펜젤러부부 / 33
아펜젤러는 제물포 항(港)을 통하여 조선에 오셨다 / 35
기도로 시작된 서울 입성과 정착 / 37

제 2 장 아펜젤러 입국 당시 조선의 상황들

조선의 서당 교육 / 41
조선의 여성들 / 43
조선의 어린이들 / 45
아펜젤러의 가족 (The family of Henry G. Appergells) / 47
앨리스 레베카 아펜젤러(Alice Rebecca Appenzeller) / 49
헨리 닷지 아펜젤러(Henry Dodge Appenzeller) / 51

제 3 장 배재학당(培材學堂)의 시작

정동에 자리 잡은 배재학당 교사(校舍) / 55
배재학당의 건축(建築) / 58
배재학당 동관(東館) - 배재학당 역사박물관 / 60
아펜젤러 선교사의 교육사업 / 62
배재학당이란 교명(校名) / 65
초창기 배재학당 학생들 / 67
1896년 11월 21일 독립문(獨立門) 정초(定礎)기념식 / 69

제 4 장 정동교회의 시작

조선 최초의 감리교회, 정동제일교회 / 77
정동교회 강단의 강대상과 경세종(警世鍾) / 79
남녀가 구별하여 앉아 예배를 드리는 정동교회 / 81
아펜젤러 선교사의 조선인 사랑과 성경번역 / 83
아펜젤러가 여섯 차례의 전국 선교(宣敎) 여행을 하시다 / 85
아펜젤러 선교사의 남부순행 일기 / 89
아펜젤러 선교사의 문서(文書) 선교 / 90
배재학당과 삼문출판사 / 93
중앙감리교회로 발전한 대동서시(大東書市) / 97

제 5 장 아펜젤러와 함께 한 선교사들

고종을 알현(謁見)하기 위하여 관복을 입은 아펜젤러 / 105
1898년 서울 정동에서 열린 선교사 연례회의 / 107
윌리엄 스크랜턴(William Benton Scranton, 1856. 5. 29 - 1922. 3. 23) / 109
메리 스크랜턴 (Mary F. Scranton), 윌리엄 스크랜턴 선교사의 어머니 / 110
이화학당의 건립 / 112
조선의 교육 선구자 헐버트 (Hulbert, Homer Bezaleel) / 115
삼문출판사를 시작하신 플랭클린 올링거 / 119
배재학당 3대 교장 - 달젤 벙커(Dalzell A. Bunker) / 121
아펜젤러의 좋은 협력자 존스 (조원시, George Heber Jones) / 123
윌리엄 제임스 홀 (Hall, William James,1860-1894) / 125
로제타 셔우드 홀 (Rosetta Sherwood Hall 1865-1951) / 127

제 6 장 아펜젤러와 함께한 조선인들

서재필(徐載弼, Philip Jaisohn 1864-1951) / 131
배재학당에서 학생들을 가르친 좌옹 윤치호 / 133
건국 대통령 우남 이승만(李承晩 1875-1915) / 137
선교회의 1호 목사인 김창식(金昌植 1857-1929) / 141
김기범 (金箕範 1868-1920) / 145
정동교회 담임자, 한학자 최병헌 목사 (崔炳憲 1858-1927) / 147
아펜젤러와 그의 조사(助師) 조한규 / 149

제 7 장 초기 배재에서 수학(修學)한 인물

세브란스의전 초대학장 해관 오긍선 (1878-1963) / 150
한인으로 초대 배재교장을 지낸 금하 신흥우 (1883-1959) / 155
광복군 총사령관 백산 지청천 (1888-1957) / 157
민족 시인 소월 김정식 (1902-1934) / 159

제 8 장 아펜젤러가 사랑한 조선인, 조선문화

조선의 형벌, 참수형 / 163
옥천암 백불(白佛) / 164
아펜젤러의 평양 방문 / 165
청계천의 오간 대수문(五間 大水門) / 166
농촌의 가을 추수 장면 / 167
조선시대의 복장 / 168
조선시대의 어린이들 / 169

제 9 장 아펜젤러의 죽음

예기치 못한 선박 충돌사고 / 173
아펜젤러 선교사의 순직(殉職) / 176
아펜젤러 아들, 딸의 조선 선교와 죽음 / 179
아펜젤러 송덕문(頌德文) / 181
1903년, 선교사 조원시(G.H Jones)의 아펜젤러 추도문 / 183

제 1 장
아펜젤러의 조선 입국(入國)

헨리 게하르트 아펜젤러(Henry Gehart Appenzeller, 1858-1902)

헨리 게하르트 아펜젤러(Henry Gehart Appenzeller, 1858-1902)

조선에 파견된 감리교 개척 선교사 아펜젤러는 1858년 2월 6일 펜실베이니아 주, 수더톤(Souderton)에서 태어났다. 그는 1882년에 랭카스터(Lancaster)에 있는 프랭클린 앤 마샬 컬리지(Franklin & Marshall College)를 졸업하고 드류 신학교(Drew University)에 입학했다. 1884년에 그는 엘라 닷지(Ela Dodge)와 결혼하였다.

1884년에 미국감리교회 선교부는 그를 조선으로 파송했고, 1885년 4월 5일 인천에 도착하였다. 그는 서울에 정착하였고 설립 당시부터 선교회의 아시아지역 부감리사로, 회계로, 후에는 감리사로서 사역하였다.

1886년에는 그는 서울에 배재학당(培材學堂)을 설립하고 다년 간 학당장 겸 학당 운영의 일선에서 교사로 사역하였다. 그는 곧 조선어를 배웠고, 성경번역위원회의 일원으로 참가하여 큰 업적을 남겼다. 또한 그는 서울에서 외국인들을 위한 연합교회의 담임목사로서 또한 정동제일교회의 담임자로 목회를 하기도 하였다. 올링거(Ohlinger)목사와 함께 감리교 출판사인 삼문 출판사(Three Lingual Press)를 창설하고 『코리아 리뷰(Korea Review)』의 편집자가 되었고, 또한 잡지 『코리안 레포지토리(Korean Repository)』를 승계하였다.

그는 훌륭한 여행가이자, 탐험가이며, 교사이자, 단체의 조직자이고 복음 전도자였다. 그는 1902년 6월 11일 성경번역회의를 위하여 목포로 가시던 중에 자신이 탄 배의 충돌 사고로 44살의 나이에 하나님의 부르심을 받았다. 선교활동 전 후에 쓴 그의 일기는 조선 내 기독교 선교의 출발과 역사를 파악하는 데 있어서 중요한 의미를 지니며, 또한 조선의 독립지원과 연관하여 볼 때에도 매우 흥미로운 것이다.

가우처 목사(John Franklin Goucher, 1845-1922)

가우처 목사(John Franklin Goucher, 1845-1922)

가우처는 1845년 6월 7일 미국 펜실베니아 주 웨인스보로에서 태어났다. 1868년 디킨슨 대학(Dickinson College)을 졸업하고 그 후에 석사와 박사학위를 받았다. 1877년 12월 그는 마리 C. 피셔(Mary F. Fisher)와 결혼하였다. 가우처는 1885년 볼티모어 여자대학 설립에 많은 재정적 지원을 하였으며, 21년간 목회하는 동안 15개의 교회를 설립하고 미국을 포함하여 조선, 일본, 중국, 인도 등 많은 나라에 큰 선교비를 지원하였다.

보빙 사절단 민영익 일행이 샌프란시스코에서 미대륙횡단 열차를 탔을 때, 가우처 박사도 같은 열차에 동승하고 있었다. 동양 선교에 지대한 관심을 가지고 있던 가우처 박사는 상투를 틀고 갓을 쓴 이상한 옷차림의 조선사절단에 호기심을 느껴 통역을 가운데 놓고 민영익과 대화를 나누었다. 가우처 박사는 조심스럽게 접근을 시도하였다.

일행과 같이 기차여행을 하면서 가우처 박사는 조선선교의 가능성에 대한 확신을 가지게 되었다. 그는 1883년 11월 6일 뉴욕에 있는 감리교 선교부에 조선의 사정을 소개하고 조선선교를 시작할 것을 제안하는 편지와 함께 선교기금 2천 불을 보냈다. 그리고 미국 감리교회에 여론을 일으키기 위하여 감리교 기관지 편집장인 버클리 박사를 움직여 조선 선교를 주장하는 글을 15회 이상 연재하게 하면서 선교기금 모금에 앞장섰다.

감리교 선교부의 파울러 감독은 선교위원회를 소집하여 조선 선교를 정식으로 결정하고 일본에서 선교 활동을 하고 있는 맥클레이 박사에게 조선에 가서 현지답사를 하고 그 실정을 보고하도록 지시하기에 이르렀다.

　가우처 박사는 미국 감리교의 조선 선교의 길을 터놓았으며, 1917년 배재학당 창립자 아펜젤러 기념관 기공식에 미국 감리교 감독 일행과 함께 참석하여 조선인을 사랑하여 목숨까지 주고 간 아펜젤러에 대한 애정과 조선인에 대한 관심과 사랑을 보여 주었다. 1922년 7월 19일 미국에서 세상을 떠났다.

매클레이(Robert Samuel Maclay, 1824. 2. 7~1907. 8. 18)

미국 펜실베이니아 주 콘코드에서 9남매 중 셋째 아들로 태어났다. 1872년 미국 뉴욕에서 열린 미감리회 총회에서 아직 선교의 손길이 미치지 못한 일본에 선교하기로 결의하였고, 중국에서 많은 선교사업의 경험을 쌓은 매클레이가 일본 주재 선교사로 선임되었다. 1873년 6월 11일 초대 일본 선교사로 부임하여 1879년 미감리신학교를 창설하여 후에 에이와(英和)학교, 아오야마(靑山)학원으로 발전시켰다.

1884년에는 조선을 방문하여 미감리회가 조선에서 교육 "의료사업을 할 수 있는 기회를 획득했기에 "조선 선교의 양부(養父)"로 추앙받게 되었다.

매클레이는 1884년 6월 19일 일본 나가사키(長崎)를 떠나 부산, 제물포를 거쳐 24일 서울에 도착하였다. 그가 도착했을 때 조선의 정세는 불안했으나 다행히 일본에서 가깝게 지내던 김옥균(金玉均)을 만나 그의 방문 계획을 원만히 수행할 수 있었다. 7월 3일 매클레이는 김옥균에게 고종이 교육과 의료사업을 시작해도 좋다고 허락했다는 사실을 전해 들었다. 매클레이에게 선교사업 윤허를 내린 고종은 미국 공사 푸트(L.H. Foote)에게 그 사실을 정식 통고하였고 푸트 공사도 그 해 9월 1일 미국 장관에게 교육 및 의료사업에 관한 고종의 윤허내용을 보고하였다.

매클레이는 조선에 선교사가 거주하고 일할 수 있는 선교부 대지를 물색하였고, 주한 미국 공사 푸트에게 공사관 인근 언덕을 매입해 달라고 부탁하고 7월 8일 서울을 떠났다. 일본으로 돌아간 매클레이는 미국 선교본부에 조선 선교사로서 교사 1명과 의사 1명을 청원하였고, 그 청원에 의하여 교사로 아펜젤러 목사 부부, 의사로서 스크랜턴 부부, 그리고 여성교육으로 스크랜턴 대부인이 선택되어 조선에 정착하게 되었다.

　이처럼 조선 기독교 선교의 문을 연 사람은 매클레이 목사였다. 매클레이는 1888년 귀국하여 캘리포니아주에 있는 매클레이 대학의 신학부장으로 후배 양성에 헌신하다가 1907년 8월 18일 별세하였다.

매클레이 선교사(Robert Samuel Maclay, 1824. 2. 7 - 1907. 8. 18)

보빙(報聘) 사절단(使節團, 1883년 9월 미국 방문)

미국 도착 후 보빙사. 뒷줄 왼쪽부터 무관 현흥택, 통역관 미야오카 쓰네지로, 수행원 유길준, 무관 최경석, 수행원 고영철, 변수.
앞줄 왼쪽부터 퍼시벌 로웰, 홍영식, 민영익, 서광범, 중국인 통역 우리탕.

보빙사(報聘使)는 1883년 7월 조선에서 최초로 미국 등 서방 세계에 파견된 외교 사절단이다. 미국과 외교관계를 맺은 후 조선주재 미국 초대공사가 부임하자 이에 답방 형식으로 민영익을 대표로한 사절단을 워싱턴으로 보냈다. 이후 사절단은 미국과 유럽 각지를 견학한 후 귀국하였다.

본래 보빙사란 외국 사신의 방문에 대한 답방의 형태로 파견하는 사절단을 의미하지만, 일반적으로 1883년 미국에 파견된 사절단을 가리키는 용어로 통용된다. 당시 조선은 곧바로 미국에 공사관을 개설하는 데 어려움이 있었기에 사절단을 파견하였다.

사절단의 의례적 목적은 답례와 친선 도모였으나 실질적 목적은 근대화 정책 추진에서 미국의 협력을 얻기 위해서였다. 또한 임오군란 후 청의 간섭이 강화되자 미국으로부터 조선이 완전한 자주독립국임을 공인받고자 했고, 조선 정부의 외교, 교육 등의 분야에 미국인 고문관과 군사교관을 초빙하고자 했다.

조선은 언제까지고 쇄국정책을 펼칠 수 없었다. 1875년에 일본이 일으킨 운요호 사건으로, 이듬해에 불공정조약인 강화도 조약을 맺었다. 같은해부터 일본에 통신사(通-)가 아닌 수신사(修-)를 파견하였는데, 1880년에 제2차 수신사로 파견된 김홍집은 황준헌의 책 《조선책략》을 가지고 왔다. 러시아 제국의 야욕에 맞서 일본 및 서방과 힘을 합쳐야한다는 내용의 이 책은 고종과 조정 대신들에게 영향을 주어, 조선으로 하여금 미국과의 조미 수호 통상 조약에 나서는 계기가 되었다.

1883년 9월 18일, 보빙사가 한 호텔에서 체스터A. 아서대통령에게 인사를 하고 있다.

1882년 5월 조미 수호 통상 조약의 체결로 1883년 5월 주한 공사 루시어스 푸트가 한성부에 주한미국공사관을 열고 주한 미국 공사에 부임하였다. 이에 고종은 1882년 7월에 발생한 임오군란 이후 비대해진 청나라의 세력을 견제한다는 뜻에서 1883년 7월 정사(正使)에 민영익, 부사(副使)에 홍영식, 서기관은 서광범, 수행원은 변수(邊樹, 邊燧)·

유길준 등 개화파 인사들을 대동시킨 친선 사절단을 서방 세계에 파견하였다. 여기에는 김옥균의 노력이 많이 작용했다.

비록 고종이 명시하지는 않았지만, 이 사절단의 주요 목적은 청나라에 대항하여 조선의 자주성을 고취시키는데 있었던 것으로 분석된다. 조미 수호 통상 조약 이후 청나라는 계속하여 상국의 지위를 유지하고자 했는데, 청나라가 임오군란을 통해 군대를 파견하고 흥선대원군을 납치하는 등의 일을 저지르자 경각심을 갖게 되었다고 본다. 이에 더불어 청나라의 눈을 피해 조선을 개화하고자 한 목적도 있었다.

일행은 9월 7일에 제1차 대륙횡단철도를 타고 샌프란시스코를 떠났다. 기차에서 그들은 동양인임을 알아보고 말을 걸어온 가우처 대학의 총장인 존 가우처(John Goucher) 목사와 대화를 나눴다. 존 가우처는 이들과 대화 후 조선에 기독교가 정착하지 않은 것을 듣고 일본에 있는 로버트 새뮤얼 맥클레이에게 조선 선교를 제안하게 되었다. 미국 감리교회의 선교부에서는 1884년 6월에 첫 번째 개신교 선교사 맥클레이를 선교활동을 위한 조사로 파송하였다. 이듬해인 1885년 4월 교육 선교사 아펜젤러와 그의 아내 그리고 의료선교사 스크랜턴과 그의 아내 그리고 그의 어머니 스크랜턴 대 부인이 이 조선에 들어 오시게 된 것이다.

보빙사가 견문한 신문물은 이후 우정국 · 농업목축시험장 · 육영공원 등을 설립하는 데 영향을 주면서 정부의 개화 정책 추진에 기여하였다. 그러나 반청(反淸) 자주의 목적으로 고종이 의도하였던 미국의 정치적 지원은 미국의 '불개입' 외교 방침으로 인하여 성과를 거둘 수 없었다. 그러나 군사, 외교 분야에서 미국인 고문을 고빙하여 청의 간섭을 배제하고자 하였던 고종의 정책은 미국의 '정치적 불개입' 외교 방침에 따라 성공할 수 없었다.

1885년 3월5일 일본 요코하마에 도착한 아펜젤러 부부

요코하마 도착 당일 오후, 아펜젤러의 친구인 데이비스 S. 스펜서는 도쿄를 떠나 아펜젤러 부부를 자신의 집으로 데리고 갔고, 그곳에서 그들은 조선으로 향하는 항해를 기다리는 동안 적어도 2주 동안 함께 머물러 있게 되었다. 이것은 선교사의 환대에 대한 그들의 첫 번째 경험이 되었고 지금까지 살아오면서 그와 같은 경험은 이제까지는 없었던 것으로 기억하고 있다.

1885년 2월 28일 주일, 조선 선교사들은 도쿄의 아오야마(Aoyama)에 있는 그의 집에서 매클레이 박사와 첫 만남을 가졌다. 이 모임에 참석할 수 있는 일본의 모든 선교사들은 뛰어난 선교경험을 쌓았던 이들이며, 매클레이 부부는 1847년부터 1871년까지 중국선교 초기부터 사역하였던 분이다. 1873년 감리교 선교위원회는 새롭게 연 일본선교에 매클레이 박사를 그가 계속 봉사해 온 직책인 감리사로 지명하였다. 이제 그는 비록 먼 곳이지만 새로운 선교로서 조선이라는 선교지의 감리사로서 섬기게 된 것이다.

가장 중요한 것은, 매클레이 박사가 1884년 여름 2주간 동안 조선을 방문하여 조선 정부가 의료 및 교육 활동을 허가한 사실을 확인한 것이었다. 이로써 매클레이는 아펜젤러와 스크랜턴과 함께 조선을 직접 경험하게 된 것이다.

1885년 3월5일 일본 요코하마에 도착한 아펜젤러 부부

조선에 온 첫 감리회 선교사, 헨리 G. 아펜젤러부부 청년때의 모습이다.

조선에 온 첫 감리회 선교사, 헨리 G.아펜젤러

다음은 1885년 4월 5일 조선에 도착한 아펜젤러의 기도이다 『우리는 부활주일에 이곳에 왔습니다. 부활절에 죽음의 장벽들을 산산이 부순 주님, 이 백성들을 속박하는 굴레들을 깨뜨리시오며, 그들을 하나님의 자녀들이 누리는 빛과 자유로 인도하소서.』

미국 감리교회에서 조선으로 파송된 첫 선교사 헨리G.아펜젤러는 부인과 장로교회 선교사인 언더우드와 함께 1885년 4월 5일 부활절에 인천 제물포에 상륙했다. 이때 아펜젤러는 27세였다. 당시 갑신정변으로 인해 서울의 분위기는 평온하지 못했다. 미국 공사는 자국민의 신변보호를 위해 여성들이 서울에 오는 것을 삼가라고 했기에, 총각이었던 언더우드는 서울로 올 수 있었지만, 아펜젤러 내외는 인천에 일주일간 머물다가 다시 일본으로 돌아가야 했다.

그 후 두 달 보름이 지나서야 서울의 정세가 안정되었고, 일본에 머물던 의료선교사 스크랜턴의 가족들과 함께 6월 20일 인천항으로 입국했다. 스크랜턴 가족은 바로 서울로 상경한 반면, 아펜젤러 선교사는 서울의 주택 개조와 수리에 시간이 많이 걸려 인천에 28일간 더 머물러야 했다. 결국 1885년 7월 19일 서울에 도착하여 선교를 시작하게 되었다.

미국의 랭커스터에서 시작된 아펜젤러의 선교여행은 세인트루이스를 거쳐 샌프란시스코까지, 그리고 1885년 2월 3일 샌프란시스코를 출항하여 태평양을 건너 2월 27일 일본 요코하마까지, 그리고 나가사키 항을 거쳐 인천으로, 다시 일본으로 돌아갔다가 재입국하여 결국 그해 7월 19일이 되어서야 서울에 도착했으니, 미국에서 조선에 오기까지 무려 5개월간의 여행을 한 것이다.

  이처럼, 선교의 시작은 순탄치 않았다. 그러나 그는 조선 감리교회의 개척자요 선구자였으며, 순직하기까지 생명을 다해 영혼을 구원한 위대한 선교사가 되었다.

1900년 초 제물포항의 모습

아펜젤러 목사는 제물포 항(港)을 통하여 조선에 오셨다

　인천의 역사는 개항(開港)의 역사와 떼어놓을 수 없다. 인천항의 옛 지명이었던 제물포는 현재 인천 중구 지역의 조그만 포구로 예로부터 연안(沿岸) 도서와 육지를 잇는 역할을 해왔다. 고려시대에는 개경의 관문 역할을 하면서 발전했으나, 조선시대로 넘어가면서 침체기로 접어들었다.
　그러다 조선 후기 서해안과 한강하구 지역에 중국과 일본을 왕래·무역하던 이양선(통상을 요구한 미국·독일·프랑스·영국 등의 함선)이 나타나자, 제물포를 포함한 인천 일대엔 포대가 설치됐고, 해양방어 진지로 변모했다.

　조선의 문호개방을 호시탐탐 노리며 1875년 운요호사건을 계획적으로 도발했던 일본은 이를 구실로 1876년 2월 조선을 함포사격으로 위협하며 개항 조약인 강화도조약을 체결하게 했다. 강화도조약으로 제물포는 1883년 1월부터 강제로 개항하게 되었다. 강화도조약을 체결했던 일본 대리공사 하나부사 요시모토가 제물포를 개항장으로 선택하는 결정적 역할을 했다.

하나부사는 서해안을 세 차례에 걸쳐 정밀하게 탐사한 후 "월미도 부근은 여러 섬으로 둘러싸여 풍랑으로부터 안전한 자연항이며, 제물포와 월미도 사이에 두 길 깊이의 수로가 형성돼있어 간조 시에도 작은 배들이 왕래할 수 있고, 부두와 축항시설의 설치가 용이한 것을 비롯해 여러 가지 이점이 있다"고 판단했다. 물론 가장 큰 장점은 한양과 가깝다는 점이었다.

한적한 어촌이었던 제물포는 개항으로 근대 식민도시로, 국제 항구도시로 급속히 변모했다. 개항하던 해 제물포에는 근대적 무역 업무를 처리하는 감리서와 해관이 설치됐다. 또한 일본인과 중국인, 서구인(영국·러시아인 등)들의 거주 지역(조계-租界)이 들어섰다.

1885년 4월 5일 부활절에는 미국선교사 아펜젤러 목사 부부와 언더우드 목사가 선교(宣敎)를 목적으로 인천에 상륙했다. 이들이 상륙한 때로부터 100년이 지나 조선기독교백주년기념탑이 세워졌다.

기도로 시작된 서울 입성과 정착

아펜젤러는 1885년 7월 29일 제물포를 떠나 당일 밤 서울에 도착하게 된다. 아펜젤러는 미국 테네시에 있는 버넷 목사에게 보낸 편지에 서울 도착의 심경을 다음과 같이 표현했다. "저는 어두운 밤 북서문(돈의문)을 통해 서울에 도착하였습니다. 주님 발 앞에 무릎 꿇고 순종했던 것처럼, 주님 내가 여기 있나이다! 저를 저들의 영혼을 구원하는 도구로 사용하여 주소서! 라고 기도했습니다."

서울에 입성한 아펜젤러는 첫해를 선교의 토대를 마련하는 일에 힘을 쓴다. 그는 하나님 나라의 확장을 위해서 노력을 했다. 교육과 의료 선교를 위해 좋은 부지(敷地)를 물색하던 가운데 서울 정동에 기반을 잡게 된다. 이후 아펜젤러는 조선 선교와 주한 미국인들을 위한 공동체 구역을 마련하기 위해 미국인 커뮤니티를 만든다. 아펜젤러의 부인 엘라 아펜젤러는 그녀의 친한 친구에게 다음과 같은 편지를 썼다.

"현재 6가구의 선교사 가정이 있다. 우리 부부는 이들 가정과 하나의 가족처럼 선교를 하고 있다. 또한 친구처럼 편하게 지내고 있다. 우리는 조국에서 멀리 떨어진 정동의 집에서 매우 행복한 시간을 가지려고 노력한다."

아펜젤러는 일본과 중국의 항구에 있는 외국인 거류지처럼 치외법권(治外法權) 성격을 지닌 미국인 타운을 정동에 만들고자 노력하였다. 하지만 일본과 중국의 거류지와 달리 정동은 시내 중심에 있고 왕의 궁궐과 가까운 거리에 있어 정치외교적인 상황에 민감한 지역이었다.

그만큼 선교활동에는 제한적이었고 정부의 금교령이 강하게 미치는 지역이어서 직접 선교는 시도조차 못하는 상황이었다. 그럼에도 불구하고 아펜젤러가 일구어 놓았던 정동의 선교사 거류지는 후에 나라사랑을 실천하는 배재학당 학생들의 협성회 활동을 도와주는 장소가 되었다.

1899년 아펜젤러가 촬영한 서울의 서쪽 상벽에서 찍은 파노라마 사진.

중앙에 성곽보다 높이 솟은 서양식 건물은 프랑스 영사관으로 현재 정동의 창덕여중 자리이며, 프랑스 영사관을 중심으로 왼쪽에는 돈의문(서대문으로 일제가 헐어버림)이 보이고 오른쪽은 배재학당이 자리를 잡고 있다. 서울의 성곽을 살필 수 있다는 점에서 희귀 자료에 속한다.

제 2 장
아펜젤러 입국 당시 조선의 상황들

조선의 서당 교육, 아펜젤러는 원주민 학교라고 기록하였다.

조선의 서당 교육

우리가 조선시대의 교육하면 가장 먼저 떠올리는 곳은 서당이 아닐까 한다. 서당은 지금의 초등학교, 중학교에 해당한다고 볼 수 있다. 그렇다면 이런 서당에서는 무엇을 배웠을까? 우리는 학교에 입학하면 글씨 바르게 쓰기, 예의범절과 같은 살면서 필요한 것들, 그리고 국어와 수학 등 여러 과목의 기초를 배우는 것이 공통적인 교육과정의 시작점인 것처럼 조선 시대의 서당에서도 이러한 배움이 있었다. 예의 범절과 붓글씨 쓰는 법부터 시작해 천자문(千字文), 사자소학(四子小學), 소학(小學), 명심보감(明心寶鑑) 등 매우 기초적인 유학(儒學)의 기초를 배웠다.

지금의 초등학교에서는 또래 친구들과 함께 한 반에서 공부하지만, 서당의 경우엔 7-8세에 입학하여 15-16세에 공부를 마치는 것이 보통이었으나 20세가 넘는 학생도 많았다고 하니 다양한 연령대의 학생이 함께 공부했다는 것을 알 수 있다.

서당은 사설 교육기관으로서 일정한 조건이나 규정이 없었기 때문에, 자유롭게 세워지고 또 없어지는 일이 잦았다고 하는데 양반 신분의 유학자가 자기 집에서 동네 아이들을 가르치는 경우도 있었고, 또 마을에서 선생님을 직접 모셔와 서당을 차리기도 했다고도 한다. 이렇게 서당공부를 마친 학도들은 향교나 서원, 혹은 과거를 거쳐 성균관으로 옮겨가 나라의 인재(人材)가 되기 위해 열심히 학문에 정진하였다.

바느질하는 여성들

외출 후 집으로 돌아오는 여인과 아이들

조선의 여성들

조선시대 여성의 삶은 유교 문화의 영향으로 사회적으로 제약이 많았지만, 가정 내에서는 나름의 역할을 수행하며 살았다. 특히 조선 후기로 갈수록 유교 질서가 강화되면서 여성의 지위는 더욱 낮아졌다. 여성들은 주로 집안일을 담당하며 자녀 양육과 가계 운영에 힘썼다.

여성은 남편의 뜻을 따르고 순종하는 것이 미덕으로 여겨졌지만, 가정 내에서 여성의 지위는 상당 부분 존중받았다. 남편이 부인의 일에 함부로 간섭할 수 없었고, 여성은 어머니로서 권리도 가졌다. 결혼 후에도 여성은 친정과 지속적으로 교류하며 친정의 도움을 받기도 했다. 특히 조선 전기에는 결혼 후에도 친정에서 상당 기간 머무르는 경우가 많았다고 한다.

유교 사회의 영향으로 남성과 여성의 공간이 분리되는 경향이 있었다. 조선 시대 여성의 법적 지위는 남성에 비해 열악했다. 여성은 재산 상속이나 소송 등에서 불리한 위치에 놓이는 경우가 많았다. 양반 여성과 평민 여성의 삶은 차이가 컸다. 양반 여성은 상대적으로 교육을 받을 기회가 있었고, 평민 여성은 생계를 위해 노동을 해야 했다.

여성들은 남성들에 비해 제한적인 교육을 받았다. 주로 가정에서 어머니나 친척에게 기본적인 한글과 교양을 익히는 정도였다. 조선 후기로 갈수록 유교 윤리가 더욱 강조되면서 여성의 지위는 더욱 낮아지는 경향을 보였다. 하지만, 여성들은 시대의 변화에 따라 새로운 역할을 모색하기도 했다. 특히 문학 작품이나 예술 분야에서 여성들의 활약이 두드러졌다.

그러나 조선시대 여성들이 억압된 삶을 살았다고 단정 짓기는 어렵다. 여성들은 나름대로 자신의 삶을 개척하고 다양한 역할을 수행하며 살았다. 조선시대 여성의 삶은 유교 문화의 영향으로 제약이 많았지만, 가정 내에서는 나름의 역할을 하며 살았다. 사회적 지위는 남성에 비해 낮았지만, 여성들은 끊임없이 변화하는 시대 속에서 자신들의 삶을 개척하고 다양한 방식으로 사회에 참여했다.

조선의 어린이들

조선 시대에는 어린이는 어리석은 사람, 아직 깨우치지 못한 사람이라는 뜻이었는데, 1920년대부터 아동 문학가 방정환 선생이 '어린아이'를 대접해 부르는 말로 공식화해 오늘날의 '어린이'가 되었다고 전해진다. 소파 방정환 선생은 어린이는 어른보다 한 시대 더 새로운 사람이라고 말했다.

엿을 파는 아이와 지게꾼

조선시대 어린이들은 여러 가지 노동에 시달리곤 했다. 양반집 도련님이야 글만 읽으면 되지만, 중·하류층 집안의 아이들은 집안일과 생계를 위해 일을 하지 않을 수 없었다. 특히 부녀자와 여자아이들의 가사 노동은 혹심했다. 사진에서 보는 바와 같이 다듬이질 같은 것은 기본이고, 빨래·청소 등 잡다한 집안 일을 처리해야 했다. 남자아이들 또한 산에서 나무를 베거나 갈퀴로 나뭇잎 등을 긁어 모아야 했다. 그 외에 동네 우물에서 물을 긷는 것도 아이들의 몫으로 돌아오는 경우가 많았다.

조선시대에는 교육을 받을 수 있는 기회가 양반집 남자 어린이들에게 제한되어 있었다. 그러나 아펜젤러와 스크랜턴은 남녀노소, 비천을 떠나 누구나 교육을 받을 수 있는 권리가 있다는 것을 알려 주었다.

땔감을 구하는 아이들

아펜젤러의 가족

1900년 10월 안식년으로 고향으로 돌아가던 중에 일본에서 찍은 아펜젤러 가족사진

아펜젤러 부부 사이에 자녀들이 넷이 있었다. 엘리스와 헨리, 아이다, 메리 등 네 자녀였다. 엘리스(1885-1950)는 아펜젤러 부부의 첫째 딸로 16세에 아버지가 해상에서 사고를 당한 충격을 받았지만 선교사로 결단하고 1915년 내한하여 이화학당 교사가 되었다. 엘리스는 이화학당 6대학장이 되었고 모금활동을 통해 신촌에 5만여 평 부지를 마련하였고 그 후에도 이화여자 대학교의 기초를 놓았다. 엘리스는 평생 독신으로 살며 이화여대 발전에 큰 족적을 남기게 되었다. 조선에 태어나 조선에서 죽은 그녀의 묘비명에는 "나는 섬김을 받으러 온 것이 아니라 섬기러 왔다"고 기록되어 있다.

둘째 헨리 닷지(1889-1953)는 아펜젤러의 장남으로서 아버지의 비보를 들었을 때 12살이었다. 경제적으로 어려움을 겪어야 했던 헨리 닷지는 어렵게 고학을 하며 자라다가 군복무를 지원했지만 떨어져서 하나님의 뜻을 알고, 그 후에 아버지의 뒤를 따라 신학의 길을 가고 선교사로 안수를 받고 1917년 9월 내한한다. 인천에서 3년 동안 선교활동을 하였고, 1920년 배재학당에 5대 학장이 되었다. 그는 일제에 어려움을 당했지만 민족의식을 고취하였으며 기독교 정신으로 배재 학당의 기초를 다졌다.

　오늘날 교가가 되는 노래, "우리 배재학당 배재학당 노래합시다. 노래하고 노래하고 다시 합시다." 이 노래는 1920년대 헨리 닷지가 작사했다. 이렇듯 아펜젤러 선교사는 일찍 소천하였지만 그 자녀들이 부모의 뒤를 이어 조선 선교를 하며 고귀한 사역을 한 것을 우리는 잊을 수 없다. 그래서 우리도 또 노래할 수 있는 것이다.

앨리스 R. 아펜젤러
(Alice Rebecca Appenzeller,1885. 11. 9-1950. 2. 20)

조선 개신교 최초의 선교사 아펜젤러(H.G. Appenzeller)의 장녀로 1885년 11월 9일 서울 정동에서 출생하였다. 조선에서 태어난 최초의 백인으로서 이듬해(1886) 4월 25일 스크랜턴(W.B. Scranton)의 딸과 함께 유아세례를 받았다. 조선에서 유치원 과정을 마친 뒤 고국으로 돌아가 1902년 4월 랭카스터의 쉬픈고등학교에 입학, 1905년 2월 이를 졸업하였고 1909년 매사추세츠 주 웨슬리안대학을 졸업하였으며, 1922년 콜롬비아대학교 사범대학원을 졸업하였다. 1909년 이후 한때 모교인 쉬픈고등학교에서 교사로 봉직하였으며 윌슨 대통령의 딸(Jessie Wioson)과 함께 \베타 시그마\(일종의 학교)를 창설하기도 했다.

그러나 1902년 이후 줄곧 부친의 죽음이 충격으로 남아 있던 그는, 1915년 마침내 조선 선교사가 되어서 부친의 임지였던 조선에 부임하였다. 그는 이화학당 교사로 부임하여 주로 영어 및 역사를 강의하였으며 1919년 3.1운동의 소용돌이 속에서는 학생들에게 많은 격려와 위안을 아끼지 않았고, 1920년 프라이 당장이 귀국하였을 때는 당장서리로 봉직하였다. 1921년 잠시 귀국하였을 때는 석사 학위를 취득하는 한편 3층 총건평 7백 16평의 이화학당 교사신축을 위한 모금운동을 추진하여 목적을 달성한 다음 이듬해 귀국, 그 해 10월 월터의 후임으로 제6대 이화학당 당장에 취임하였으며 1925년 4월 이화학당 대학과를 이화여자전문학교로 승격, 초대 교장이 되었다. 그는 다시 줄기찬 모금운동으로 신촌의 5만여 평 부지를 매입, 1929년 전문학교와 고등보통학교를 완전히 분리시켰고 1934년 신교사를 기공, 이듬해(1935) 준공하여 프라이 홀에서 이사하였다.

1936년 이화 개교 50주년 기념식전에서는 15년 이상 근속자로 표창을 받았으며 당시 조선 중앙일보 사장 여운형에게 조선 언론계가 주는 감사장을 받았다. 이듬해(1937) 6월 미국 보스턴대학에서 명예 교육학 박사 학위를 받았으며, 1938년에는 기독교조선감리교회가 주는 은메달을 받았다. 그리고 이듬해(1939) 교장직을 김활란 박사에게 위임하고 자신은 명예 교장이 되어 뒤에서 도왔다.

그러나 미\일 관계가 극도로 악화됨으로 해서 1940년 재한 미국 선교사들과 함께 미국으로 귀국, 스카릿 대학에 4년간 출강하다가 이후 하와이 선교 사업에 종사하였고(1943~1946), 1946년 12월, 해방된 조선에 돌아와 이화여자대학교의 명예 총장으로 추대되었다. 이후 혼란기에 이화학교의 발전을 위해 혼신의 힘을 기울이던 중 1950년 2월 20일 아침 예배에서 설교 도중 뇌출혈로 쓰러져 별세하였다. 그의 생전의 업적을 추모하는 학교·언론기관·종교·사회단체 등이 참석하여 사회장으로 장례가 엄수되었고 양화진 외국인묘지에 안장되었다.

헨리 닷지 아펜젤러
(Henry Dodge Appenzeller, 1889. 11. 6 - 1953. 12. 1)

조선 개신교 최초의 선교사 아펜젤러(H.G. Appenzeller)의 장남으로 1889년 11월 6일 서울 정동에서 출생했다. 서울 외국인학교에서 초등학교 과정을 수학하던 중 10세 때(1900) 아버지의 안식년으로 귀국했다가 아버지만 돌아오고 고국에 체류, 1907년 프랭클린앤드마샬 아카데미를 졸업하였고, 1911년 프린스턴대학을 졸업하였으며 1915년 드루신학교 및 1916년 뉴욕대학을 졸업하였다. 1917년 조선 선교사로 임명받아 내한, 이듬해(1918) 같은 감리교 선교사인 노블(William Noble)의 딸(루스 노블)과 결혼하였으며 이후 3년 동안 인천지방 선교사업에 종사하다가 1920년 그의 아버지께서 창립한 배재학교 제4대 교장으로 취임하였다.

그는 일제하의 기독교 압제와 맞서서도 굴하지 않고 배재학교 발전의 기틀을 다졌으며 1940년까지 근속하였고, 1941년 본국으로 돌아가 호놀룰루 제일감리교회 목사로 1945년까지 봉직하였다. 1948년 로스앤젤레스감리교회 담임목사로 근무하다가 6.25전쟁 때는 다시 조선으로 들어와 기독교세계구제회 조선 책임자로 일하였다. 그는 기독교세계봉사회의 관리자로 온 것이며, 전쟁 피난민과 고아와 과부 등에 대한

구제사업을 위하여 필사의 노력을 쏟았다. 1952년 배재중·고등학교 재단이사장에 취임, 활동하던 중 1953년 가을 과로로 건강이 악화되어 본국에 귀환하여 뉴욕감리병원에 입원하였으나 그 해 12월 1일 65세의 일기로 별세하였다. NCC 협동총무로도 활동이 컸던 그의 유언은 "나의 뼈를 나의 고국이요 사랑인 조선 땅에 묻어 달라"는 것이었다.

아펜젤러 박사의 화장된 유골은 그의 유언에 따라 젠센 목사의 품에 안겨 조선으로 돌아왔다. 그리하여 1954년 11월 20일 오후 2시 그가 일생을 보낸 정동교회에서 배재학교와 기독교세계봉사회 공동주최로 장례식이 다시 엄숙히 거행되었다. 그리고 그의 유골은 양화진 외국인 묘지에 안장되었다. 이로써 아펜젤러 1세와 2세 두 사람은 조선을 위해 그들의 혼신을 다 바친 후 조선 땅에 고이 잠들게 된 것이다.

제 3 장
배재학당의 시작

1886년 11월 1일에 봉헌(奉獻)한 옛 배재학당의 교사(校舍)

정동에 자리를 잡은 배재학당

1885년 배재학당이 정동에 자리를 잡은 것은 당시 정동 일대가 선교사들과 외국 공사관들이 밀집해 있었고, 교육 시설을 세우기에 유리한 환경이었기 때문이었다. 특히, 개신교 선교사들이 정동에 집중적으로 거주하며 학교 설립을 지원했고, 외국 공사관과의 접근성도 교육 기관 입지에 긍정적인 영향을 미쳤던 것이다. 19세기 말, 정동은 미국, 영국, 러시아 등 각국 공사관과 선교사들의 활동 중심지였다. 특히, 감리교 선교사들이 정동에 자리를 잡으면서 배재학당 설립의 기반을 마련했다.

정동은 당시 서울의 중심지였을 뿐만 아니라, 교육 시설을 세우기에 좋은 환경을 갖추고 있었다. 넓은 대지와 함께, 외국인들의 접근이 용이하여 학교 운영에 필요한 지원을 받기 수월했다. 배재학당은 선교사들의 적극적인 지원을 받았다. 이들은 학교 설립 자금을 지원하고, 교사들을 파견하여 교육 과정을 구성하는 데 도움을 주었다. 정동은 외국 공사관들이 밀집해 있어 외교적 중요성이 컸다. 이러한 환경은 배재학당이 설립 초기에 겪을 수 있는 어려움을 줄이고, 외국과의 교류를 원활하게 하는 데 기여했다. 이러한 이유들로 배재학당은 정동에 자리를 잡고, 개신교 선교 교육 기관으로서 중요한 역할을 수행하게 되었다. 그러나 배재중고등학교는 1984년에 강동구 고덕동으로 이전하여 오늘날에 이르고 있다.

의료 선교가 조선 선교를 정착시키는 것에 기여했다면 아펜젤러의 교육 선교는 조선 선교를 발전시키는 역할을 하였다.

정동의 병원에 오는 이들은 주로 평민과 가난한 민중이 대부분이었다. 이들을 받기에 턱없이 힘이 부쳤음에도 스크랜턴은 마다하지 않고 환자를 진료하였고 한걸음 더 나아가 길가에서 죽어가던 이들을 찾아다니며 치료했다.

이러한 스크랜턴의 사역을 도와주기 위해 제중원에서 함께 따라왔던 2명의 조선인 동역자가 있었다. 의사가 되기를 희망했던 이겸나와 고영필이었다. 1885년 8월 3일, 이들은 의사가 되기 위해서 아펜젤러에게 영어를 배우려고 찾아왔다. 이러한 배움의 뜻은 근대교육의 요람이었던 배재학당 설립의 씨앗이 됐다.

아펜젤러의 가르침은 이내 소문이 퍼져 육영공원의 전신이었던 통역양성학교, '동문학(同文學)'에서 영어를 배우던 학생 3명이 이곳에 합류했다. 이들의 목적은 대부분 '출세를 하기 위해서' '관직을 얻기 위해서'였다. 하지만 호기심과 출세욕으로 찾아온 학생들은 대부분 정착하지 못했다.

학기 도중 학생들이 떠나기 일쑤였고 다음 학기가 시작되는 개학 일에는 심지어 단 한 명의 학생만으로 개강한 적도 있었다. 그러나 배재학당의 빈자리는 수개월 내로 채워져서 18명 정도가 실제 출석인원이 되었다. 아펜젤러의 조선 정착은 늦었지만 배재학당은 근대교육의 도장이 됐다.

1916년 배재 아펜젤러 기념관 동관 건축

배재학당의 건축(建築)

이 무렵 배재학당의 학생 수가 차츰 늘어나자 아펜젤러는 벽돌로 1887년에 학교 건물을 신축하였는데, 이것이 배재학당 건물이다. 준공 시기는 아펜젤러 본인의 기록에 따라 1887년으로 보는 것이 맞을 것 같다. 일본인 건축가 요시자와 토모타로(吉澤友太郞)가 설계한 것으로 확인되는 이 건물의 건립 과정과 건축 구조에 대해서는 『배재사』에 다음과 같이 설명이 남아 있다.

"1886년 8월에 공사를 시작하여 그해 11월 1일에 낙성(落成)한 옛 배재학당의 벽돌집 강당은 조선의 최초의 벽돌집 서양식 양옥(洋屋)이었다. 아펜젤러 교장이 인천항에 상륙하였을 때 조선 사람으로서 맨 먼저 알게 된 분이 송헌성(宋憲成)씨인데, 어학교사(語學敎師)로도 있었으며 무척 친한 터였다. 강당 신축 공사의 감독(監督)을 송헌성씨가 하였으며, 그때의 도편수는 심의석(沈宜碩의 오류)씨가 맡아서 지었다. 이 심의석씨 밑에서 김덕보(金德甫)라는 목수(木手)가 있었으며, 심의석씨는 배재 강당을 지은 인연으로 후에 내무아문기사(內務衙門技師)가 되었다.

강당의 구조(構造)는 벽돌을 쌓아 올려 지붕은 기와로 잇고, 크고 길게 세운 창문은 아치식으로 되어 쇠로 만들었다. 현관(玄關=앞문)은 큰 문이 가운데 있고, 작은 문이 양편에 둘로 되었으며, 양편으로 돌기둥을 지붕 키와 같이 높이 세워 맨 위는 예쁘고 아름답고 둥글게 열어 창으로 뾰족하게 하였고 아치식으로 되었다. 현관 기둥의 지붕 위로 기둥 사이에는 로마자(字)의 큰 시계(時計)를 박았으며, 추녀 서까래의 지붕 처마에는 빙 돌려 철판(鐵板)을 넓게 돌리고 간격을 맞춰서 별 모양의

쇠를 붙이었다.

연통(煙筒)은 지붕 위의 후면 좌우에 세웠으며 서까래 밑과 창 위의 사이로 돌로 둥글게 이층으로 겹 놓아서 돌아갔고, 북쪽으로 난 큰 뒷문 위에는 종각(鍾閣)을 세웠고, 벽돌과 돌로서 순전히 지은 건물이었다. 이 강당은 아담하고 예쁘며 시집갈 각시가 황홀지게 단장한 것처럼 멀리서 보기에 희게 붉게 분장(粉裝)한 것 같았다."

1886년 배재학당의 건축 : 조선에서 가장 처음 지어진 서양식 스타일의 학당건물

배재학당 동관(東館), 현 배재학당 역사박물관

배재학당 역사박물관은 우리나라 최초의 서양식 학교건물로서 옛 배재학당 동관의 교사(校舍)였다. 처음에는 영어를 가르친다는 뜻에서 '영어학교'로 불리다가, 1886년 고종이 '배양영재(培養英材, 훌륭한 인재를 양성함)'의 줄임말인 '배재(培材)'라는 교명을 하사하면서 교육기관으로서의 기틀을 마련해 나갔다.

처음 2칸짜리 한옥에서 시작한 배재학당은 주변의 한옥과 대지를 구입한 후 1887년 아펜젤러가 새로운 교사를 짓기로 결정하고 전망이 좋은 언덕에 1층짜리 르네상스식 벽돌 건물을 지었다. 1888년 완공된 이 건물은 워렌(Warren)이 감독하고, 일본인 건축가 요시자와 토모타로

1916년에 지어진 배재학당 동관(東館), 오늘날에는 역사박물관으로 쓰이고 있다.

가 설계한 것이다. 훗날 이 교사를 헐고 들어선 것이 배재학당 서관이다. 현재의 배재학당 역사박물관 건물은 배재학당 동관이었다.

　1916년 조선총독부에 고등보통학교 설립인가를 받을 무렵에 신축된 동관은 연면적 1,194.59㎡에 지하실을 포함한 3층 붉은 벽돌 건물로서 600여 명을 수용할 수 있는 규모였다. 배재학당 동관은 '아펜젤러 홀'이라고 불리기도 했는데, 배재학당의 첫 교사가 불에 탄 이후에는 배재학당의 역사를 상징하는 건축물이 되었다.

　1984년 배재고등학교가 서울시 강동구 고덕동으로 이전할 때까지 학교 건물로 사용되어오다가, 2001년 서울시 기념물 제16호로 지정되었으며, 2008년에는 배재학당 역사박물관이라는 이름으로 개관(開館)하기에 이르렀다. 이곳에는 설립자인 아펜젤러의 유품을 비롯해 고종에게 하사받은 현판, 시인 김소월 등 배재학당 출신 인재들의 유물들이 함께 전시됨으로써 조선 근대교육의 역사를 살펴볼 수 있다.

아펜젤러 선교사의 교육사업

1885년 7월 19일에야 서울에 입성할 수 있었던 아펜젤러 부부는 자신들보다 앞서 5월 1일 서울에 도착한 의사 스크랜턴 선교사의 도움을 얻어 서울에 정착했다. 그들은 후트 공사 (조선 주재 초대 미국 공사)를 통해 교육과 의료사업에 관심이 많았던 고종황제의 관심을 얻을 수 있었다.

후트 공사가 고종황제에게 아펜젤러가 학교를 설립해 영어를 가르치기 원한다는 사실을 알렸고, 고종황제는 소신대로 그 일을 진행하라고 했다. 기쁜 마음으로 아펜젤러는 본격적인 교육 사업에 착수했고, 서울에 도착한지 1년이 못되어 교육 사업을 시작할 수 있는 허가를 얻게 된 것이다.

일제 강점기 배재학당의 교련 수업, 뒤에 배재학당 동관이 보인다

배재학당의 수업 장면

　아펜젤러가 조선에서 복음을 전하는 것이 최우선의 목표였지만, 그 전에 교육사업에 혼신을 쏟았다. 그 이유는 조선 정부가 허락한 사업은 교육과 의료분야였기 때문이다. 그는 선교의 자유가 없는 상황에서 학교를 통해 선교의 문을 열고자 한 것이다. 기독교교육과 영어교육을 통해 조선의 복음화뿐만 아니라 나라를 위해 봉사하는 유능한 기독교지도자를 양성하고자 했던 것이다.

　아펜젤러는 조정의 긍정적인 인식과 관심 속에서 교육사업을 시작할 수 있었으며, 당시 교육에 열의가 있던 사람들이 자신의 집을 내어주면서까지 아펜젤러의 교육 사업에 호응하였다. 마침 조선은 문호를 개방했기 때문에 영어를 할 수 있는 사람이 많이 필요했고, 아펜젤러의 학생들이 관료로 채용되며 영어를 잘하는 것이 관직에 나아가는 지름길이 되었던 것이다.

아펜젤러가 세운 학교에 고종황제는 '유능한 인재를 기르는 학교'라는 뜻의 '배재학당 (培材學堂)'이라는 이름을 하사했다. 1887년에는 정동 언덕에 르네상스식 1층 건물로 강당과 도서실, 학당실과 교실을 지었고, 이 건물은 조선 최초의 근대식 건물이었다. 배재학당은 교육의 기회가 없었던 조선인들에게 서구의 과학과 문화를 배울 수 있는 배움의 터였으며, 동시에 관직을 얻는 길이었기 때문에 매우 인기가 있었으며, 훗날 배재학당은 조선의 근대화와 독립운동의 중심지로서 조선 역사에 큰 영향을 미치게 되었다.

고종이 하사하신 〈배재학당〉 현판

배재학당(培材學堂)이란 교명(校名)

고종께서는 친히 배재학당(培材學堂)이라는 교명(校名)을 지으셔서 하사(下賜)하는 동시에 그때의 명필(名筆)인 정학교(丁學喬)를 명하여 만드신 배재학당 액(額, 학교 간판)을 외무아문 독변(外務衙門 督辨) 김윤식(金允植)씨의 전달로 고종 23년(즉 1886년) 6월 8일에 내리시었다.

'배재'는 곧 '배양영재(培養英材, 유용한 인재를 기른다'라는 뜻이다. 오늘 우리 선교부의 학교 이름을 국왕으로부터 하사받았는데 외무대신을 통해 내게 전달되었다. 그것은 배재학당(培材學堂), 즉 유용한 사람을 기르는 곳(Hall for Rearing Useful Men)이었다. 오늘 외아문의 김씨와 통역관이 한문으로 쓰여 진 커다란 이름의 현판을 가지고 왔다. 내가 이해하는 한 이것은 정부가 우리를 인정하는 것이고, 우리가 이제까지 갖지 못했던 것을 얻게 되는 것을 의미한다. 이제 우리 학교는 관립학교(官立學校)는 아니더라도, 사립학교(私立學校)라기보다 공립학교(公立學校)인 것이다.

아펜젤러의 일기에 따르면, 1886년 6월 8일은 배재학당의 편액이 하사된 날이 아니라 자신의 영어 학교를 다시 시작한 날이라고 적혀 있다. 이 부분도 대부분 자료에서 뭔가 오해가 되는 내용인 듯한데, 배재학당의 개교기념일이 6월 8일인 것은 바로 여기에서 연유한 것으로 판단된다.

『지난 8일 나는 공식적으로 학교를 다시 시작하였다. 처음엔 두 명으로 시작하였는데, 그 중 한 명은 내가 쌀을 주었는데 이튿날 떠나버렸다.

두 명이 새로 와서 세 명이 출석하였다. 종교는 가르치는 척도 할 수 없다. 오로지 영어만 가르칠 뿐이다. 하루에 한 시간 가르친다.』

초창기 배재학당 학생들, 아펜젤러 모습이 우측 뒤로 얼굴이 반쯤가려진 채 보인다

초창기 배재학당 학생들

　초기 배재학당 학생들은 주로 영어와 근대 학문을 배우고자 했던 조선시대의 젊은이들이었다. 배재학당은 미국 선교사 아펜젤러에 의해 설립된 조선 최초의 근대식 중등교육기관으로, 초기 학생들은 출세를 위해 영어를 배우고자 했으며, 교사인 아펜젤러는 '크고자 하거든 남을 섬겨라'라는 성경 구절을 교훈으로 삼아 제자들을 가르쳤다.

　배재학당의 초기 교육 과정에는 한문, 영어, 천문, 지리, 생리, 수학, 수공, 성경 등이 포함되었으며, 체육 시간에는 야구, 축구, 정구, 농구 등 서양 운동도 가르쳤다. 또한, 특별활동 시간에는 연설회, 토론회 등을 장려하여 학생들이 다양한 경험을 할 수 있도록 지원하였다.

　배재학당은 1885년 설립 이후, 이승만, 주시경, 김소월, 지청천, 신흥우와 오긍선 등 저명한 인물들을 배출하며 조선 근대 교육 발전에 큰 영향을 미쳤다.

　배재학당은 단순히 지식 전달을 넘어, 근대 국가의 인재를 양성하고 기독교 정신을 전파하는 것을 목표로 했다. 이러한 교육 목표는 초기 배재학당 학생들의 구성과 교육 과정에 반영되었다.

1896년 11월 21일 독립문(獨立門) 정초(定礎)기념식

  1896년 11월 21일 독립문 정초 그대로 기념식장에서 배재학당 학생들이 독립가(獨立歌)를 불렀다. 독립문은 조선의 자주독립을 상징하는 건축물로, 아펜젤러와 배재학당 학생들은 독립협회의 활동을 지지하고 독립문 건립에 기여했던 것이다.

  독립문 기공식에 아펜젤러는 행사에 참여하여 일반 대중 앞에서 기도를 하였다. 배재학당 학생들은 독립운동에 적극적으로 참여했으며, 독립문 건립에도 힘을 보탰다. 아펜젤러와 배재학당은 조선의 근대화를 위한 교육과 독립운동 지원이라는 두 가지 측면에서 중요한 역할을 담당했던 것이다. 그는 교육을 통해 조선의 근대화를 이끌고자 노력했으며, 독립협회와 독립문 건립에 대한 지지를 표명했다.

  독립문 기공식에는 배재학당 학생들이 참여하여 독립에 대한 열망을 보여주었다. 다음은 그 날에 배재학생들이 부른 독립가의 일부이다.

독립가 (獨立歌)

1. 일쳔팔백구십륙년 건양원년 십일월에
   아셰아쥬 독립 조션 독립문을 새로 셰녜

2. 영은문이 독립되니 모화관이 공원다라
   이백여년 병자지치 오날이야 씻난고나

3. 독립문 자쥬터를 닥고 문명개화 쥬초놋네
   젼국 인민 굿게 보호 부강지업 일워보셰

4. 단군긔씨 독립자쥬 신라 고려 년호 썻다
   셩죠승동 오백년후 건양개원 새롭고나

5. 우리 셩쥬 여쳔공덕 방국권리 다시 찻네
   젼국인민 동심합력 갈츙보국 하여보셰

6. 우리 독립 장구슐은 츙애이자 뎨일이라
   애국지심 잇난 이는 독립 이자 잇지 마자

7. 곤륜산이 백해되고 태평양이 륙디되나
   어화 우리 독립 긔초 견고하기 반셕이라

8. 태극긔를 놉히 달고 이쳔만중 일심으로
   독립가를 불너보셰 승평악을 화답하네

후렴) 깃분날 깃분날 우리나라 독립한 날
   우리나라 독립한날 밀월갓치 빗나도다
   깃분 날 깃분 날 우리나라 독립한날

8절로 이뤄진 이 '독립가'는 "영은문이 독립되니 모화관이 공원디라 / 독립 자쥬터를 닥고 문명개화 쥬초놋네 / 젼국인민 굿게 보호 부강지업 일워보세"라며 '자주독립', '개화'라는 독립문 건립 취지를 분명히 제시하였다.

▼ 1897년 11월 20일 완공된 독립문, 서대문구 현저동 서대문 독립공원 안에 있으며, 영은문을 헐고 그 자리에 세워지게 되었다.

제 4 장
정동교회의 시작

정동교회를 중심으로한 파노라마 사진

조선 최초의 감리교회, 정동제일교회 1897년 12월 26일 봉헌되었다.

최초의 감리교회 정동제일교회 전에는 벧엘교회라고 하였다.

　1887년 4월 4일 열린 선교사월례회에서 서울 중심부에 성경공부를 위한 장소를 구입하기로 결의하고, 9월에 작은 집을 구입한 뒤, 10월 9일 이곳에서 처음 예배를 드렸다. 이때 4명의 조선 사람이 예배에 참석했는데, 이 모임이 지금 정동교회의 시작이다. 아펜젤러는 처음 교회를 세우며 야곱의 비전을 생각했고, 교회 이름을 벧엘교회라 하였다. 아펜젤러는 조선어를 쓰기위해 노력했으며, 첫 세례식 때도 조선어로 집례했으며, 첫 성탄절 예배 때도 '그의 이름을 예수라 하라'라는 제목으로 조선어 설교를 하였다.
　뉴욕의 유니온신학교에 보관중인 아펜젤러의 수첩을 보면 그가 조선어를 배우기 위해 얼마나 노력했는지 알 수 있다. 조선어 단어를 적고 매일 체크하며 외웠으며, 모르는 단어가 있을 때마다 기록하였다. 적고, 그 뜻을 조선 사람에게 물어보았다. 그는 가급적 조선어를 쓰기 위해 항상 노력했다.
　이러한 아펜젤러의 노력으로 배움의 혜택 밖에 있었던 많은 여성들이 교회에 와서 외국인이 하는 서툰 조선어를 통해서도 많은 은혜를 받았으며, 이후 교회를 중심으로 전도의 열기가 확산되어 수많은 젊은 학생들이 회심하였고, 서양학문과 복음의 중심지가 된 정동에서 교파를 초월한 연합예배와 기도회 등이 연합으로 진행되었다. 현재 정동교회, 성전건축은 1895년 8월 7일에 시작되었으며, 한 달 후인 9월 9일에 거행된 정초식에는 조정의 법무대신 서광범과 외무협판 윤치호 등이 참석할 정도로 조선 사회에서도 역사적으로 중요한 사건이었다. 더 나아가 조선 역사상 남녀가 처음으로 한자리에 모였고, 함께 고개숙여 하나님께 기도했다. 수천 년 이어 내려온 조선 사회의 봉건성이 무너지는 자리였던 것이다.

1897년 12월 정동제일교회 강대상

경세(警世)종: 세상 사람들을 깨운다는 의미의 종

정동교회 강단의 강대상과 경세종(警世鍾)

　이 사진은 교회가 처음으로 지어지고 내부에 만들어진 정동교회의 강대상이다. 한 차례의 교회 화재(火災)와 조선전쟁 당시의 폭격에도 불구하고 이 강대상은 남아서 교회를 지키고 있다. 지금도 정동교회에 가보면 이 강대상을 볼 수가 있는데 당시 사진에 나타난 한문(漢文)으로 되어 있는 현수막은 『누가복음 2:11의 말씀으로 『오늘 다윗의 동네에 너희를 위하여 구주가 나셨으니 곧 그리스도 주시니라.』라는 뜻의 성경 구절이다.

　이 강대상은 조선 개신교 최초의 것으로, 이후 조선 개신교의 모든 교회가 비슷한 형태로 제작해 사용하고 있다. 또한 조선 최초의 파이프 오르간, 세상을 깨운다는 '경세종(警世鍾)' 등도 자랑거리이다. 파이프 오르간을 중심으로 현대식 성가대가 구성되어 김애식, 김인식, 김자경, 김영의, 이흥렬, 현제명 등 많은 음악인이 배출됐다. 파이프 오르간은 6·25전쟁으로 소실됐었는데, 2003년 9월12일 한 유족의 헌금으로 복원해 봉헌했다.

　복음의 씨앗이 민족의 등불로, 정동교회 교인의 대부분은 배재학당과 이화학당 학생들로 구성됐다. 두 학교 학생들은 주일을 성수하였으며, 엡윗(존 웨슬리의 고향 이름)청년회 운동에 적극적이었다. 서재필과 윤치호 등 독립협회 중심 인물들이 이들을 지도했다.

　정동교회에서는 현대식 예식인 '예배당 결혼'이 최초로 거행됐다. 1887년 11월 여성 전용 병원도 생겼다. 1910년 11월11일에는 조선 기독교 최초의 여선교회인 '보호여회(保護女會)'가 창립됐다. 제5대 담임목사로 취임한 현순 목사는 1919년 상하이 임시정부 수립에 참여했다. 제6대 담임목사로 취임한 손정도 목사는 교회를 부흥시킨 민족 운동가였으며, 제7대 담임을 역임한 이필주 목사는 3·1운동 때 민족대표 33인의 한 사람으로 참여, 2년8개월간의 옥고를 치르는 고난을 겪었다. 유관순 열사는 이화학당에 입학한 때부터 일요일이면 정동제일교회 예배에 참석하며 겨레와 함께 불꽃같은 삶을 살았다.

남녀가 구별하여 앉아 예배를 드리는 정동교회, 아펜젤러는 몇몇 학생들의 이름을 사진 밑에 기록하여 보관하였다

남녀가 구별(區別)되이 앉아 드려진 예배

1885년 10월 11일, 교회의 창립기념일이다. 아펜젤러 목사가 자신의 정동 사택에서 성찬식을 거행한 것을 시초로 한다. 오늘날까지도 조선 감리교단을 대표하는 교회 가운데 하나로, 여러 분야에서 '조선 최초' 기록을 보유하면서 사회에 많은 영향을 끼쳐왔다.

초기에는 작은 기와집을 예배당으로 사용했는데 점차 교인수가 늘어나면서 500명을 수용할 수 있는 현대식 예배당을 건축하기로 하고 1895년 9월 9일 정초식을 거행했으며 1897년 12월 26일 벧엘 예배당 봉헌예배를 드렸다. 벧엘 예배당에는 1918년 하란사가 설치한 조선 최초의 파이프오르간이 있는데, 이후 6.25전쟁 때 예배당 강대 쪽이 폭파되면서 파이프 오르간이 파괴된 적이 있다.

초창기 정동제일 교회의 연혁(沿革)

1885.04.05   아펜젤러(H.G. Appenzeller)목사,
조선에 파송된 최초의 개신교 선교사로 제물포에 도착

1885.07.29   정동에 사저를 마련하고 선교활동 시작

1885.08.03   사저에서 영어교육 시작

1885.09.00   메리스크랜튼(M.F.Scranton) 선교사의 아들 스크랜튼(W.B.Scranton) 선교사가 정동 사저에서 의료(醫療)선교 시작

1885.10.11   아펜젤러 목사의 집례로 조선 개신교 최초의 성찬식 거행
이 날은 정동제일교회의 창립일이 됨.

1887.07.24   아펜젤러 목사가 조선 감리교 최초의 세례식 거행
(세례자:박중상)

1887.10.16   아펜젤러 목사가 조선교회 최초로 여성에게 세례식 거행
(세례자 :최씨부인)

1897.12.26   벧엘 예배당 봉헌예배,
후에 벧엘교회는 정동제일교회란 이름으로 바뀌었다.

▼ 정동제일교회 두 번째 머릿돌

아펜젤러 선교사의 조선인 사랑과 성경번역

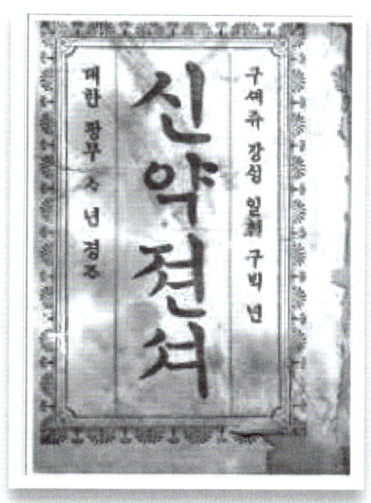 

아펜젤러 선교사는 매우 사교적이었고 헌신적이었다. 그는 사람을 만나 사귀고 이야기하는 것을 좋아했다. 하지만 자신이 자라온 문화와 전혀 다른 조선 땅에서 이방인으로서 살아간다는 것은 많은 어려움이 있었다.

아펜젤러 선교사의 가족은 마치 투명한 어항에 있는 물고기처럼, 그들의 행동 하나 하나가 사람들의 관심거리였으며, 때로는 오해와 갈등을 불러일으키기도 했다. 실제로 창호지가 아닌 유리창이 있는 선교사의 주택 밖에서 아이나 어른이나 할 것 없이 유리창에 얼굴을 맞대고 집안의 신기한 것을 바라보는 사람들이 많았다. 하지만 아펜젤러 선교사 가족은 자신들의 행동이 혹시 복음을 전하는 것에 방해가 되지 않을까 늘 조심하면서 살았다고 한다.

아펜젤러는 먼저 조선인을 이해하기 위해 조선말 배우는 것을 최우선으로 삼았다. 특별히 그는 언어에 재능이 많았는데, 독일계 어머니의 영향으로 독일어도 모국어처럼 할 수 있었으며, 영어는 물론 프랑스어도 잘 했으며, 히브리어와 헬라어도 할 수 있었다. 언어에 관심과 재능이 많았던 그는 조선어를 배워 성경번역을 위해 매진했다.

1887년 성탄절에 처음 조선어로 설교했으며, 1890년에는 로스역 성경 개정판인 '누가복음젼'을 출판하고, 1892년에는 '마태복음젼'을 출판했다. 1893년 장로교회의 언더우드 선교사를 비롯한 다섯 명이 성경번역자회를 구성하고, 마침내 1900년 한글 신약전서를 완성하여 정동제일교회에서 완역된 신약성서를 봉헌했다. 그는 1885년 조선에 와서 1902년까지 17년간 밤낮없이 조선인을 위해, 그리고 하나님 나라를 위해 젊음과 생명을 바쳤던 것이다.

아펜젤러가 여섯 차례의 전국 선교(宣敎) 여행을 하시다

1887년 아펜젤러는 당시 조선의 상황을 파악하고 교회를 세울 곳을 답사하고자 선교 여행을 시작했다. 1887년 4월 13일, 세관에서 일하는 헌트씨와 함께 평양으로 향했고, 서울을 떠난지 11일 만에 평양에 도착하게 되었다. 당시 조선에는 철도가 없었기 때문에 선교사들의 이동수단은 가마나 말, 또는 조랑말이었다.

보통 외교관들은 가마를 많이 이용했다. 그러나 아펜젤러는 업무를 위해 가끔 가마를 탔지만 마음이 편치 않았다고 한다. 가마꾼인 사람을 동물 취급하는 것이나 다를 게 없다고 생각했기 때문이다. 그래서 아펜젤러는 가마를 타지 않고 말이나 조랑말을 탔다.

평양으로 가는 길은 순탄하지 않았다. 대동강에서는 강에 다리가 없어 배로 건너야 했고, 배에 오른 말이 요동을 쳐서 배가 뒤집힐 뻔하기도 했다. 여정 중에 숙박한 여관에서는 빈대와 벼룩에 시달렸다.

평양에 도착한 아펜젤러 일행은 평양 감사의 관저에 초대를 받았다. 아펜젤러 일행은 감사의 호의로 평양 거리를 안전하게 돌아볼 수 있었다. 아펜젤러는 평양을 돌아본 후 백성의 어려운 삶과 도덕적인 타락, 빈부격차 등 조선의 실상과 백성의 삶에 대해 진지하게 고민하며 선교의 방향을 생각했다.

1889년에 스크랜턴과 함께 세 번째 평양을 방문한 후, 의주 출신 매서인 한 사람을 평양에 파송했다. 이 매서인이 평양의 첫 조선인 개신교 전도인이었다.

선교여행을 떠나기 전 대문가에 엘라가 앉아서 배웅을 하고있다

장로교회 선교사들의 선교여행 당시 이동수단인 자전거는 대단히 귀한 것이었다.

아펜젤러로부터 시작된 평양 선교는 많은 열매를 맺고 제2의 예루살렘이라는 별명까지 얻게 되었지만, 훗날 공산화되고 전쟁을 겪으며 많은 감리교 지도자와 성도의 수난과 희생도 뒤따랐다.

"내가 가장 바라는 소원은 마을과 시내 곳곳에서 예수를 전하는 것이다. 복음이 자유롭게 선포되는 날은 아직 오지 않았지만, 언젠가는 오게 되리라. 우리 기독 학생들이 이 나라 곳곳에 흩어져 넘쳐나게 되면 이 나라 전체에 좋은 영향력을 미치게 될 것임을 알 수 있다."

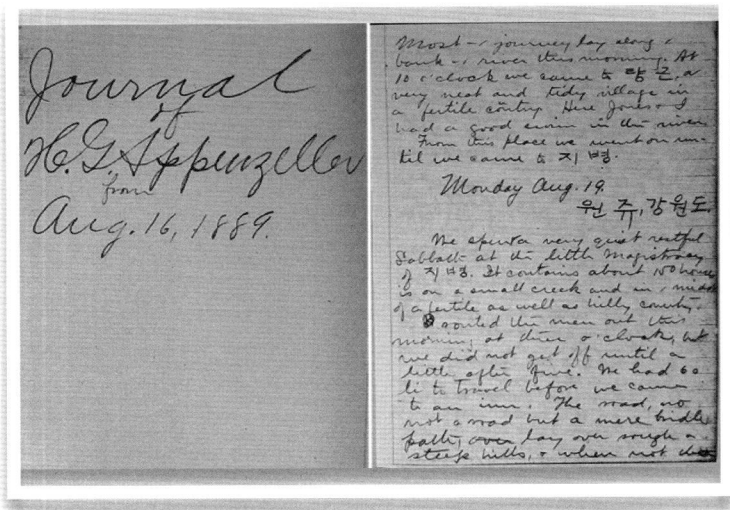

아펜젤러는 6번에 거처 조선 팔도를 여행하였다. 위에 일기는 원주, 충주, 단양, 대구를 거처 부산까지 가면서 자신의 선교구상을 기록한 것이다

아펜젤러 선교사의 남부순행 일기

　아펜젤러 선교사의 남부순행 일기는 존스와 아펜젤러 선교사가 1889년 8월 16일 서울에서 출발해 8월 31일 부산에 도착하기까지 16일간의 선교 정탐 여행기이다. 여행 출발지 서울에 되돌아온 9월 7일을 기준 하자면 23일간의 여행이었다. 1889년 당시 미국 공사이던 딘스모어(Mr. Hugh Dinsmore)는 외부(外部)로부터 여행허가증인 호조(護照) 발급을 도와주는 대신 여행 중 설교와 선교활동은 하지 말고 단지 1달간 전국 어디나 여행할 수 있도록 허락했다.

　요즘은 8월의 더위가 예전보다 더하지만, 존스와 아펜젤러가 남부정탐을 하던 기간 8월 16일~ 8월 31일 역시 조선의 불볕더위 기간이었다. 존스의 일기에 따르면 순행을 위해 그들 거주 구역의 중국인 집사 유 스트워드(Major Domo Eu Steward)에게 6달러를 주고 이동 침대와 모기장을 준비해 떠났다. 아펜젤러가 1902년 순직할 때까지 국내 선교여행을 한 것은 모두 6차례였다.

〈여행 기간〉
1차 여행: 1887년 4월 13일-5월 12일. 헌트(J. H. Hunt)와 송도를 거쳐 평양까지
2차 여행: 1888년 봄, 언더우드와 함께 소래를 거쳐 북부지방, 여행 중 반기독교 칙령으로 소환됨
3차 여행: 1888년 10월-11월. 송도-소래-평양-의주-평양-해주-서울로 여행
4차 여행: 1889년 2월, 올링거와 함께 공주까지
5차 여행: 1889년 8월 16일~9월 7일, 존스(Jones)와 지평-양평-원주-충주-단양-상주-진두=선산-대구-밀양-청도-남천-부산
6차 여행: 1898년 3월 9일~26일까지 평양 방문. 1896년 파송된 노블 선교사의 환영을 받고, 3월 20일 주일날 조선인에게 3번, 외국인에게 1번 설교를 함.

아펜젤러 선교사의 문서(文書) 선교

아펜젤러 선교사는 배재학당을 개교한 후 출판과 문서선교에 대한 필요성을 느끼고 1887년 말, 올링거(Franklin Ohlinger) 선교사를 조선에 초청하였다. 올링거 선교사는 조선에 파송되기 전 중국에서 16년간 선교사로 활동했으며, 출판과 교육 분야에서 많은 경험이 있었다. 올링거 선교사가 조선에 왔을 때, 그의 나이는 42세였기 때문에 20대 청년 선교사였던 아펜젤러나 언더우드에게는 많은 경험을 전수해 줄 수 있었고, 그의 합류로 인해 많은 선교 사역들이 시작되었다. 아펜젤러가 특별히 올링거선교사를 초청한 데에는 그의 선교 경험을 배우고 동역하고자 하는 마음이 있었기 때문이다.

삼문출판사에서 출판된 신문, 성경

아펜젤러와 올링거 선교사는 먼저 배재학당 지하에 우리나라 최초의 인쇄소인 삼문활판소를 설립했다. 삼문(三文)의 의미는 국문, 한문, 영문의 3가지 활자를 갖추었다는 뜻이다. 아펜젤러 선교사는 책을 만드는 일을 학비가 없거나 형편이 어려운 학생들에게 맡겨서 자립정신을 길러주었으며, 또 실습을 통해 인쇄술을 배울 수 있는 기회로 제공했다. 대표적으로 한글학자 주시경도 배재학당 학생 시절 삼문출판사에서 일하며 학비를 벌었다.

삼문출판사는 교파의 구별 없이 복음을 전파하고 조선의 근대화를 위해 많은 기독교 언론지, 서적, 성경과 찬송가를 출판했으며, 특별히 '독립신문'이 이곳에서 인쇄되었다. 아펜젤러의 복음전파와 조선의 근대화를 위한 선구자적인 시각은 출판과 문서선교를 통해 더욱 구체화 되었으며, 성서번역과 여러 출판물들을 통해 실제적인 열매를 맺었다. 또한, 영문 잡지와 여러 보고서를 통해 조선의 상황을 세계에 알리는데 큰 공헌을 하였다.

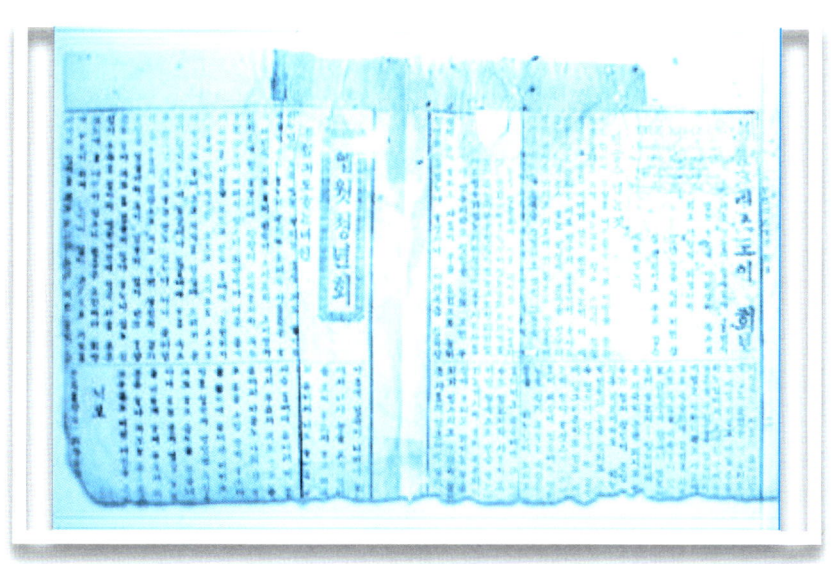

배재학당과 삼문 출판사의 초기 모습으로 왼쪽이 삼문출판사이다

삼문 출판사에서 인쇄한 독립신문

배재학당과 삼문(三文)출판사

미국의 개신교 선교사들은 조선 선교를 위한 노력으로 교육선교, 의료선교와 함께 문서선교에 노력을 기울였다. 문서를 통한 선교는 시공간 제약 없이 한번에 복음을 전파하는 효율적인 수단이었다. 아펜젤러는 조선의 복음을 위해 문서선교에 선구적인 기여를 하였다. 아펜젤러의 문서사업은 중국 선교사 올링거를 초청하면서 시작하였다. 올링거는 1870년부터 중국 푸저우(福州)에서 16년 동안 선교하였던 동북아 선교의 베테랑이다. 올링거 선교사는 1887년 12월부터 배재학당의 교사이자 삼문출판사(三文出版社) 사장으로 조선의 문서선교를 이끌었다.

삼문출판사는 당시 서울 정동에 있었기 때문에 '정동예수교출판소'라고 불리기도 하였고, 미국 감리교 선교사들의 약자인 'MEM(Methodist Episcopal Mission)'을 중국어 '美以美(메이이메이)'로 읽고 표기한 데서 '미이미활판소(美以美活版所)'로 불리기도 하였다. 또 '한미화출판소(韓美華出版所)'라고 불리기도 하였다. 조선어, 영어, 중국어를 출판한다고 해서 불려졌다.

이렇게 삼문출판사가 다양한 명칭을 갖고 있었다는 것은 복음 선교와 더불어 근대 조선 출판문화에 기여했다는 것을 의미한다. 올링거 선교사는 당시 상하이와 일본에서 인쇄기 및 활자 주조기를 도입하여 한글, 영어, 한자를 인쇄하였는데 삼문출판사는 당시 정부의 인쇄시설인 박문국(博文局), 민간 인쇄시설인 '광인사인쇄소(廣印社印刷公所)'와 더불어 출판과 문서선교를 주도한 유일한 기독교 출판사였다.

아펜젤러는 삼문출판사를 단순히 출판 업무에만 국한시키지 않았다.

배재학당 학생들 중 학비가 부족해 학업이 힘든 학생들을 위해 출판사에서 일을 하면서 스스로 학비를 벌 수 있는 자주정신을 도모하였다. 주시경은 이 곳에서일하며 계기로 학비 문제를 해결했을 뿐 아니라 한글 활자 조판 등 출판 업무를 보면서 한글 학자로 성장할 수 있는 계기를 마련해 주었다. 주시경은 출판 업무에 참여해 한글이 세계 어느 나라 문자보다 뛰어나고 과학적이며 편리한 문자라는 것을 깨우쳐 1897년 4월, 독립신문에 2회에 걸쳐 한글의 우수성에 관한 글을 기고하였다. 출세를 목표로 배재학당에 들어왔던 학생들은 출판 업무에 참가하면서 기독교 진리를 깨우치는 등 자연스럽게 복음을 받아들이는 계기를 마련하였다. 이들은 책을 만드는 과정을 통해 활자나 내용 등을 직접 편집하면서 스스로 기독교 진리를 읽고 믿고 고백하는 과정을 거쳐 기독교인이 되었다.

당시 삼문출판사가 출판했던 대표적 잡지 및 도서를 내용적 기준으로 나누면 크게 3가지 정도로 구분할 수 있다. 첫째는 기독교 신문, 잡지 등 정기간행물이고 둘째는 일반서적, 교과서 출판이다. 셋째는 성경과 찬송가, 교리서 등이다. 삼문출판사가 간행하였던 대표적인 출판물은 1889년 발행된 '교회'가 있다. 이 잡지는 나중에 '죠션크리스도인회보'로 바뀌게 된다. 이외에 'The korean Repository', '협성회보', '대한매일신보', '천로역정', '성교촬요', 장로교 선교사 언더우드의 '제세론', '그리스도신문' 등이 있으며 초기의 '독립신문', 'The Korea Mission Field'도 삼문출판사를 통해 인쇄되었다. 삼문출판사는 교파의 구별 없이 복음 전파와 조선의 근대화라는 목표 아래 감리교, 장로교 문서 모두를 출판하였다.

이같은 초교파적 협력은 현대 조선 기독교인들이 흔히 하는 질문인 "누가 조선 기독교 전파에 큰 역할을 했는가"를 역사 속에 찾는 것이 무색하게 할 정도로 장로교와 감리교는 출판 문서의 내용, 편집을 복음이라는 큰 목적 아래 면밀하게 협동해 나갔다. 대표적인 예로 삼문출판사의 사역에 부응하기 위해 대한기독교서회의 전신인 조선성교서회(朝鮮聖敎書會)가 창립됐는데 여기엔 미 북장로회 선교사(언더우드, 게일, 마펫, 기포드)와 미 감리회 선교사(아펜젤러, 스크랜턴, 올링거, 존스, 헐버트, 벙커, 맥길), 독립 선교부 펜윅이 모여 창립했다. 조선성교서회는 특정 교파를 강조하지 않았던 것이 특징이다. 오직 복음의 확장과 쉬운 접근을 목표로 "조선어로 기독교 서적과 전도지, 정기 간행의 잡지를 발행하여 전국에 보급하여 조직한다"는 것을 강조하였다.

종로에 위치한 중앙감리교회의 전신(前身), 가우처 예배당

중앙감리교회로 발전한 대동서시(大東書市)

 선교 초기 한국에 들어온 선교사들이 처음엔 서울 외곽 정동에 자리를 잡았다가 10년쯤 지난 뒤 선교에 자신감을 가지면서 서울의 중심인 종로로 진출, 서점과 예배당, 청년회관 등을 마련하면서 이곳을 한반도 선교의 구심점으로 삼았다.

 한국 최초의 서점인 종로서적을 세운 이는 미감리교 선교사 아펜젤러. 정동에 자리 잡고 정동제일교회, 배재학당, 이화학당 등을 설립했던 아펜젤러 선교사는 선교에 자신감을 얻자 1890년에 이르러 사람들이 제일 많이 다니는 종로 '육의전' 거리 한복판에 있는 집을 사서 서점으로 사용하며 이곳에 예배처를 마련했다.

 그러나 몇 년이 지나도 교인은 늘지 않았으며, 마침 안식년 휴가를 얻어 본국으로 들어가게 된 아펜젤러는 '선비 출신' 최병헌에게 종로 서점을 맡겼다. 최병헌은 1894년 4월 종로통 서점에 입주하였다가 그해 10월, 중국인 매서인들이 살던 '향정동 집'으로 옮긴 후 서점과 교회를 맡아보았다. 그 때부터 종로통 서점에 '대동서시'란 간판이 걸렸고 향정동 집 대청은 주일마다 예배당으로 사용됐다. 이때부터 점점 종로 선교가 활기를 띠기 시작했다. 정작 '종로 선교'의 불씨를 살린 인물은 '한국인 최초 신학자'로 유명한 탁사 최병헌이었던 것이다.

 이후 최병헌이 1898년 정동으로 이사가고, 1902년 아펜젤러마저 별세한 후 대동서시는 정동의 감리교출판사에 흡수됨으로 그 이름은 사라졌지만 1907년에 그 집터를 대한성서공회의 전신인 대영성서공회가 사서 성경 출판과 판매 거점으로 삼게 되었으니 대동서시의 '문서 선교' 맥은 이어진 셈이다. 또한 대동서시 옆에 자리잡은 예수교서회 역시 한국의 대표적인 기독교 출판사로 성장해 오늘에 이르고 있으니 대동서시가 처음 자리잡았던 성서공회, 기독교서회 빌딩 일대는 종로 선교 출발점으로, 한국 문서 선교의 거점으로 중요한 의미가 담긴 곳이다.

"아공(亞公, 아펜젤러)은 원대한 계획으로 사람들의 왕래가 많은 종로통에 아주 큰 집을 9999냥 9전 9푼에 구입하였다. 그리고 청나라 사람에게 그 집에 살면서 성경을 판매하게 했는데, 청일전쟁이 나는 바람에 청나라 사람들이 도망함으로, 선생을 그 집에 이주하게 했다."
- 〈탁사 최병헌 약전〉 중

"선생이 우거하던 종로통 남변 가옥에는 신학문에 관한 서적과 교회의 제반 서적들을 구입하여 백성들로 보게 하고 간판은 '대동서시'라 하였다."

'대동서시'는 탁사가 머무르며 운영하였던 기독교 서점으로 '종로서적', '대한성서공회'의 기원이 된다. 한편, 대동서시는 영국성서공회의 '성경보급소'로 활용되면서 성경을 유통하는데 큰 역할을 감당하는 장소가 된다. 이후 최병헌이 1898년 정동으로 이사가고, 1902년 아펜젤러마저 별세한 후 대동서시는 정동의 감리교출판사에 흡수됨으로 그 이름은 사라졌지만 1907년에 그 집터를 대한성서공회의 전신인 대영성서공회가 사서 성경 출판과 판매 거점으로 삼게 되었으니 대동서시의 '문서 선교' 맥은 이어진 셈이다. 또한 대동서시 옆에 자리잡은 예수교서회 역시 한국의 대표적인 기독교 출판사로 성장해 오늘에 이르고 있으니 대동서시가 처음 자리잡았던 성서공회, 기독교서회 빌딩 일대는 종로 선교 출발점으로, 한국 문서 선교의 거점으로 중요한 의미가 담긴 곳이다.

종로에 설립된 예수교 서회

1890년에 종로에 설립된 예수교 서회(書會, The Korean Religious Track Society)

우리나라 선교 초기 아펜젤러와 언더우드 선교사는 복음 전파와 민족 계몽을 위해 현 대한기독교서회의 전신인 예수교서회를 창설하고 문서선교활동에 나섰다. 1889년 10월 장로교 선교사인 헤론(J. W. Heron)이 제안해서 정동에 있는 언더우드 선교사의 집에 모여서 감리교회와 장로교회 선교사들이 문서출판을 위한 비공식적인 모임이 처음으로 시작되었다. 이렇게 해서 뜻을 모은 선교사들이 1890년 6월 25일에 창립하게 되었다.

The Korean Religious Track Society라고 하는 명칭으로 출범했는데 이때 회장에는 중국에서 문서선교 활동을 하고 있다가 내한한 감리교회의 올링거(F. Ohlinger), 부회장에는 헐버트(H. B. Hullbert), 서기 언더우드 (H. G. Underwood), 스크랜턴(W .B. Scranton)을 선임하고 팬윅(M. C. Fenwick), 아펜젤러(H. G. Appenzeller), 게일(J. S. Gale), 레이놀즈(W. D. Reynokds), 기포드(D .E. Gifford) 등 선교사 12명으로 구성된 재단 이사회를 조직하고 헌장을 통과시킴으로 공식적인 단체로 발족했다. 임시 사무소는 빈턴(C. C. Vinton) 선교사의 집에 두기로 하고 시작했다.

이렇게 해서 사업을 시작한 기독교서회는 최초로 1890년 언더우드가 번역한 [셩교촬리(聖敎撮理)], [쟝원량우샹론 (張袁兩友 相論)] 발간함으로써 그 역할을 시작했다. 이듬해 1월에 공식적인 명칭을 영어에서 죠션셩교셔회(朝鮮聖敎書會)로 바꾸었는데, 이 명칭을 현대어표기로 바뀌었을 뿐 현재까지 사용되고 있다. 1892년에는 한국 최초의 찬미가를 발행했고, 1893년에는 서울에 이어 평양, 부산 등 세 곳에 책을 팔 수 있는 지점을 만들어 기독교서회의 기능을 확장시켰다. 이어서 언더우드가 2대 회장으로 취임하면서 서회의 사업을 적극적으로 전개해 나갔다.

현재 기독교서회가 보유하고 있는 한국 최초의 출판물은 많다. 예를 들어서 1894년 한국 최초의 번역 소설 〈인가귀도〉, 1895년 존 번연의 〈텬로력뎡〉, 1896년 8월, 한영, 영한사전인 〈한영뎐〉, 1899년 생리학 교과서인 〈젼톄공용문답〉, 1903년 미국 북장로교 선교사 밀러(E. H. Miller)의 〈산수책〉(Elements of Arithmetic PartⅠ), 폐병, 회충 등의 예방 치료, 태모의 위생에 관한 책 등을 발행했다. 이후 현재까지 1만여 종의 책을 발행함으로 한국 출판문화를 선도한 것은 물론이고 출판 종류에 있어서도 선도적이었고 그 영향력 역시 지대하다고 할 것이다.

예수교서회는 1984년 우리나라 최초의 기독교 전도문서 〈셩교촬리〉를 발간하고, 1895년에는 종로감옥에 옥중전도문고를 만들어

〈천로역정〉, 〈신약전서〉, 〈그리스도신문〉 등의 기독교문서를 비치했다. 당시 종로감옥에서 옥중전도문고를 통해 이상재, 이승만 등 개화지식인들이 기독교로 개종하였으며, 이들은 후에 한국 기독교계의 지도자로 성장하기에 이른다.

예수교서회는 1890년대부터 1940년대까지 〈요한복음전〉, 〈챵가집〉 등의 성경·찬송가, 〈진리편독삼자경〉, 〈십계요해〉 등의 신앙·교리문답서, 〈예수행적공부〉, 〈갱정교사기〉 등의 예수생애·교회사, 〈산학신편〉, 〈한영자전〉 등의 교양교육서, 선교신문, 공과교재, 주일학교 문서 등 다양한 기독교 문서를 발간해 사회 계몽적 역할과 근대 기독교 선교 역사에 이바지했다.

제 5 장
아펜젤러와 함께한 선교사들

고종을 알현(謁見)하기 위하여 관복을 입은 아펜젤러와 조사들
좌로부터 유치집, 조한규, 아펜젤러, 송헌성 1896년 2월 28일자 일기에 학부대신 윤치호씨가 아펜젤러를 찾아와서 오후3시에 고종황제 알현을 전달하였다.

고종을 알현(謁見)하기 위하여 관복(冠服)을 입은 아펜젤러

1895년 10월에 선교지 개척을 위해 내한했던 미국 남감리교회 '헨드릭스' 감독을 만난 자리에서 고종은 "미국 사람들이 선교사를 보내 준 것에 대해 감사하며 더 많이 보내주도록 요청해 주시오" 라고 말했다. 고종이 매우 적극으로 선교사들과 개인적인 관계를 맺기 시작한 것은 청일전쟁 이후에 민비 시해, 친일세력 확산, 대원군부자의 고종 폐위 음모, 친일, 친미, 친러파 사이의 권력투쟁 등으로 왕권이 크게 위협받게 되면서부터였다.

그는 선교사들을 자주 만나며 대궐 주위에 살도록 했고, 미국인에게 궁궐 내 수비를 맡겼고, 선교사들을 통해 그들의 본국으로부터 도움을 받고 싶어 했고, 서양인들을 자기 주위에 둠으로써 신변 안전을 도모할 수 있다고 믿었다.

고종은 선교사들을 통해서 그가 궁극적으로 얻고자 했던 것들, 즉 자신과 왕실의 안전은 얻을 수 없었다. 가장 많은 선교사를 파견했던 미국은 조선에 제국주의적 이해 관계가 별로 없어서 조선에서 벌어지는 복잡한 국제관계에 개입하지 않았다. 한반도를 차지하려고 했던 이해당국들은 선교사업과 큰 관계가 없는 나라이었다. 다만 그는 선교사들이 존재함으로써 자신과 왕실에 도움이 될 수 있다고 생각을 했던 것이다.

고종의 선교사 정책은 한반도에 대한 열강의 제국주의적 욕심에 대한 우려와 한반도에서 기독교가 지녔던 비제국주의적 성격에 대한 믿음, 이 두 가지 상반된 요소에 기초하고 있었던 것이다. 이 점에서 고종의 판단은 올바른 것이었다. 문호개방 후에 닥친 혹심한 환경의 힘에 밀려 고종은 기독교와 선교사에 대한 거부감과 조심스러움을 극복하고 그들이 존재함으로써 자신과 왕실에 도움이 될 수 있다는 것을 깨달았던 것이다.

1898년 서울에서 정동에서 열린 선교사 연례회의에서
가족사진 가장 뒷열 중앙에 아펜젤러가 보인다

1898년 서울 정동에서 열린 선교사 연례회의

1898년에 열린 감리교회 선교사 연례회의는 조선에서의 선교활동을 논의하고 평가하는 자리였다. 이 회의에서는 선교사들의 활동보고와 함께 다음 해 선교계획을 수립하고, 선교사업의 효율성을 높이는 방안을 논의했을 것으로 예상 되는데 특히 1898년에는 춘천중앙교회가 설립되는 등 감리교 선교가 확장되는 시기였기에, 이 회의는 그 중요성이 컸을 것이다.

각 선교사들은 자신의 활동 지역에서의 선교상황을 보고하고, 성과(成果)와 문제점을 분석했을 것이다. 예를 들어, 아펜젤러 선교사의 경우, 조선선교 구상(構想)에 대한 보고를 했을 것으로 추정된다. 회의에서는 다음 해 선교사업의 목표와 방향을 설정하고, 구체적인 활동 계획을 수립하였다.

선교사들은 효과적인 선교전략과 방법론을 공유하고, 협력방안을 모색했다. 또한, 교육, 의료 등 다양한 분야에서의 선교활동에 대한 논의도 이루어졌을 것으로 보인다. 춘천중앙교회와 같이 새로운 교회가 설립되는 상황에서, 선교 지역 확장 및 교세 확장에 대한 논의도 진행되었을 것이다.

이 회의는 19세기 말 조선에서의 감리교 선교 활동을 이해하는 데 중요한 자료가 될 것이다. 아펜젤러 이외에도 존스, 무스, 리드, 하디 할버트, 벙커 등 여러분들의 선교사들이 조선을 위하여 활동하였다.

윌리엄 스크랜턴(William Benton Scranton, 1856.5.29-1922.3.23)

윌리엄 스크랜턴(William Benton Scranton, 1856. 5. 29-1922. 3. 23)

윌리엄 스크랜턴 선교사는 1856년 뉴헤이븐에서 태어났다. 1878년 예일대를 졸업한 후 1882년에는 뉴욕의 콜럼비아 의대를 졸업하고 의사가 되었다. 그 후 잠시 오하이오 클리브랜드에서 개업을 하다가 다시 1884년에 감리교 목사로 안수 받고 아펜젤러 선교사와 함께 감리교에서 조선 선교사로 파송되었다. 그 때 스크랜턴의 어머니 메리 스크랜턴(Mary Scranton)도 조선에 선교사로 파송되어 함께 사역하였다.

1884년 2월 어머니와 아내, 그리고 아펜젤러 선교사 부부와 조선에 도착하였으나 조선의 정세불안으로 일본 요코하마에서 적절한 시기를 기다리기로 했다. 아펜젤러와 일본에 머물면서 고종황제의 조카이며 개화파였던 박영효를 만나 조선어를 공부하며 조선 선교를 준비하던 중 1885년 5월 드디어 조선에 입국했다. 조선의 왕립병원이었던 제중원에 일하였고, 서울의 정동에 '시병원'이라는 병원을 개원하였다.
그는 양반들과 부유층이 사는 사대문안 정동에서의 치료와 사역에 안주하지 않고 조선의 가난한 서민들(平民과 賤民)이 사는 사대문 밖 서울의 외곽으로 나가서 병원을 열고 그들을 치료하였다. 또한 그는 상동교회, 아현교회, 동대문 교회 등을 개척하였고 한글로 성경을 번역하여 배포하기도 했다.

스크랜턴은 일본편에 섰던 미감리교 아시아지역 감독과의 마찰이 발생한 1907년까지 조선에 머무르며 병원을 열어 조선의 병든 이들을 위해 의료사역을 펼쳤고 교회를 세워 설교자와 목회자로 복음을 전했으며 일본의 조선 침탈에 맞서는 조선인들을 도왔고 일본 제국주의편에 선 서양 선교사들과 각을 세우며 조선을 옹호했다. 특히 상동교회에서 민족지도자 이동녕, 박용만, 주시경, 이회영, 전덕기 등을 길러냈다.

메리 스크랜턴(Mary F Scranton, 1832.12.9.-1909.10.8.)
윌리엄 스크랜턴 선교사의 어머니

스크랜턴 대부인 (함께 온 며느리 '스크랜턴 부인'과 구별하기 위해서 대부인으로 불려짐)은 이화학당을 통해서 근대 여성교육의 선구자 역할을 한 인물이다. 그녀는 52세 되던 1884년 미감리회 해외 여선교회로부터 조선선교사로 임명을 받고, 이듬해 외아들 내외와 함께 조선에 들어왔다. 처음 조선에 들어와서는 익숙하지 않은 음식과 환경으로 많은 고생을 하였다.

메리 스크랜턴

스크랜턴 대부인은 자신의 집에서 학당을 시작하였는데 처음에 온 학생들은 버려진 아이들과 첩들이었다. 처음엔 낯 선 이방인에 대한 이웃사람들의 불신이 있었지만, 불신이 차츰 사그라지면서 학생들의 숫자는 점차로 불어났고 조정에서도 '이화학당'이라는 이름을 하사하였다.

1896년에 기포드가 쓴 글을 보면 당시 기숙사생이 47명, 통학생이 3명이고, 평균연령은 12살, 최연소자는 8살, 최고 연장자는 17살이었다. 수업은 한글과 영어로 기초과목과 종교과목을 가르쳤다. 스크랜턴 대부인은 학생들이 조선적인 것을 자랑스러워하기를, 그리고 나아가서 그리스도와 그의 교훈을 통해서 훌륭한 조선인이 되기를 원하였다.

전국 곳곳을 다니며 여성들에게 복음을 전하였다. 스크랜턴 대부인이 1898년에 쓴 보고서에 보면 모두 8명의 전도부인들이 그녀와 동역하고 있는 것으로 보고되어 있다. 전도부인은 전국 곳곳을 다니면서 여성들에게 복음을 전하였다. 복음을 받아들인 여성들은 스크랜턴 대부인으로부터 직접 복음을 듣기를 원하여서 각지에서 편지를 보내왔다.

그녀가 세상을 떠나기 2년 전인 1907년 75세 때 쓴 보고서를 보면 이 할머니 선교사의 사랑과 열정은 오히려 더 뜨거워지고 있음을 느낄 수 있는데, 만약에 열 사람의 선교사가 있었으면 몇 가지 일에만 집중했을 것이고 훨씬 일을 잘 해냈을 것이라고 토로하며 안타까워하고 있다. 52세의 늦은 나이에 조선에 들어온 스크랜턴 대부인은 24년 동안 조선 여성들을 구원을 위하여 헌신하다가 77세 때 소천하여 이곳 양화진에 안장되어 있다.

1886년 2월, 서울 풍경이 잘 보이는 정동(貞洞) 32번지 언덕에 건물을 짓고 기와를 올리는 부산한 소리가 들려왔다. 조선 여성을 위한 체계적인 교육이 곧 시작될 것임을 알리는 소리였다. 조선 최초의 여성 교육 기관, 이화학당의 교사(校舍)가 완공된 것은 그로부터 약 9개월 후인 1886년 11월이었다. 봄이면 배꽃이 흐드러지게 피는 언덕에 자리한 이화학당은 약 200평정도 되는 큰 기와집에 35명가량의 학생을 수용할 수 있는 교실과 교사 숙소를 갖추고 있었다.

이화학당(梨花學堂)의 건립

　미국 감리교 해외 여선교회에서 조선을 담당할 여선교사로 파견한 사람이 바로 메리 스크랜턴이었다. 그는 미국의 명문 북감리교 목사 집안 출신으로, 아들인 윌리엄 스크랜턴(William Benton Scranton) 부부와 함께 1885년 조선에 도착하였다. 의사였던 아들 윌리엄은 방한 후 한동안 알렌(Horace Newton Allen)을 도와 제중원(濟衆院)에서 의료 및 선교 사업을 펼치다 이후 독립하여 감리교 병원인 시병원(施病院)을 건립하게 된다. 여성 교육을 담당하고자 했던 메리 스크랜턴은 외국인에 익숙하지 않고, 부녀자의 외부 출입을 꺼리는 조선 사회의 분위기 속에서 초창기 외국인 선교사로서 많은 어려움을 겪었다.

　메리 스크랜턴은 서울에 도착한 직후부터 가르칠 여학생을 모집하고자 노력하였다. 그러나 외국인이 규중(閨中)에 사는 상류층 여성과 접촉하기란 거의 불가능에 가까웠다. 모집대상을 가난한 집의 아이나 고아로 바꾸고자 하여도 여의치 않았다. 여자아이들은 집안 살림에 도움이 되는 일손이었고, 가난한 하층민의 경우 딸을 남의 집 종(婢)이나 첩으로 보내 가정경제에 보태는 경우도 있었기 때문이다. 이러한 문화 속에서 부모들은 딸을 선뜻 기숙학교에 보내려고 하지 않았다. 1886년 5월 말, 오랜 기다림 끝에 학당의 문을 두드린 첫 학생은 김 부인으로, 고관의 첩이었던 그는 영어를 배워 왕비의 통역이 되고자 하는 뜻을 품고 있었다. 배움에 상당한 열성을 가지고 있었던 그는 불행하게도 병이 들어 3개월 뒤 세상을 떠나고 말았다.

　학생 모집난이 완화된 것은 1887년 2월, 배재학당과 마찬가지로 고종이 직접 학교의 이름을 정해 현판(懸板)을 내려준 이후였다. 조선 정부에서 학교의 이름을 정해준다는 것은 곧 선교사들이 운영하는 학교가 조선 사회에서 공인된다는 의미이기도 했다. 이때 정해진 이름이 바로 '이화학당'이다. '이화(梨花)'라는 명칭의 근거에는 여러 가지 설이 있지만, 정동 일대에 배밭이 많이 있었고 학당 터에 옛날 이화정(梨花亭)이라는 정자가 있었다는 이야기가 전해지는 것으로 미루어 보아 여기서 유래했다는 것이 가장 합리적인 설명인 듯하다.

현판이 내려진 이후 이화학당의 학생은 점차 증가하여 1900년에 학당 건물을 신축하기에 이르렀다. 특히 1894년 갑오개혁 이후에는 여성교육의 필요성에 대한 사회적 공감대가 형성되기 시작하였다. 『독립신문(獨立新聞)』을 비롯한 언론에서 천부인권(天賦人權, 하늘이 사람에게 동등하게 부여한 권리) 사상에 근거한 만민평등 및 남녀평등의식을 고취하면서 여성의 교육권 또한 남성과 동등해야 한다는 사회 분위기를 조성했기 때문이다. 이러한 분위기 속에서 이화학당의 교육은 이전보다 더욱 탄력을 받을 수 있었다.

1886년 11월에 완공된 초기 이화 학당 모습

이화학당이 지향했던 교육은 한 마디로 '조선인 자신을 위한 교육'이라고 할 수 있다. 스크랜턴에 따르면 이화학당의 목표는 조선 소녀들을 외국인의 생활, 의복, 환경에 맞게끔 변화시키는 것이 아닌, 조선인을 더 나은 조선인으로 만들고 조선적인 것에 긍지를 갖게 하는 것이었다.

그러나 이러한 교육 목표를 체계적으로 실현할 수 있는 이화학당의 학제가 정비된 것은 학교 설립 이후 약 20년 만인 1904년이었다. 개학 초기 한동안 학생 모집에 어려움을 겪었다는 점을 감안한다면, 이전까지 정해진 학제나 학년이 없었던 것은 자연스러운 일이라고 할 수 있다. 당시는 평균 10세 전후의 학생이 입학하여 특별한 사정이 없는 이상 결혼할 때까지 10여 년을 학교 기숙사에서 생활하는 것이 보편적이었다.

학생 수가 늘어나 여성 교육을 활발하게 진행할 수 있었던 1900년대에 들어서야 학제 정비가 시작되었고, 1904년 처음으로 정부 인가를 받아 4년제 중등과(中等科)를 설치할 수 있었다. 이때 이화학당 최초의 학칙 또한 만들어졌다. 이에 따르면 중등과의 수업연한은 4년이며 정원은 80명, 입학연령은 14세부터 22세까지였다.

조선인보다 더 조선을 사랑한 외국인, 조선의 교육 선구자 헐버트

헐버트는 조선의 은인, 조선 사람보다 더 조선을 사랑한 외국인으로 칭송받는 인물이다. 1863년 1월 26일 미국 버몬트에서 목사의 둘째 아들로 태어난 헐버트는 1884년 다트마우스(Dartmouth) 대학을 졸업하고, 유니온 신학교 재학 중이던 23세 때 육영공원(育英公院) 영어교사로 1886년 7월 4일 내한하였다.

조선의 교육 선구자 헐버트
(Hulbert, Homer Bezaleel
1863-1949)

1886년 9월 23일 개원한 육영공원의 운영과 교육내용 및 방법에 관한 규정으로 '育英公院 設學節目, 육영공원 설학절목'을 제정한 헐버트는, 학생들이 세계 지리에 관심을 보이자 1889년에는 〈士民必知, 사민필지〉를 한글판으로 발행했는데 이 책은 많은 학교에서 필수 교재로 사용되기도 했다.

5년 동안 교사 생활을 한 후 학교가 문을 닫자 귀국했던 헐버트는 1893년 9월 감리교 선교사로 다시 조선에 오게 되었다. 다시 방한한 그는 배재학당 안의 삼문출판사를 중심으로 주로 문서선교에 관여하며 다양한 주제로 조선에 관한 글들을 발표하는 한 편, 1903년에 창설된 조선 YMCA의 초대회장을 맡기도 하였다.

일본이 을사늑약으로 조선의 외교권과 재정권을 강제로 빼앗기 바로 전, 고종은 시어도어 루즈벨트 미국 대통령에게 외교적인 도움을 호소하기 위해서 헐버트를 밀사로 파견하였다. 이때 미국과 일본은 이른바 '가츠라태프트밀약'을 맺고 필리핀에 대한 미국의 이권 보장과 조선에 대한 일본의 야망을 서로 묵인한 상태였다.

그런데 이것을 모르고 있던 고종은 1882년 체결된 조미수호통상조약 제1조, 즉 쌍방 중 어느 한 나라가 제3국에 의해서 침략을 당할 경우 다른 한 나라는 이에 간섭해서 우호적으로 사태를 해결해 줘야 한다는 거중조정 내용을 문구 그대로 믿고 밀사를 파견했다. 결국 헐버트는 친일인사들로 구성된 미국 정부에 고종의 밀서를 접수시키지도 못하였고, 조선과의 신의를 저버린 자신의 조국을 원망하면서 돌아올 수 밖에 없었다.

헐버트는 헤이그에서 만국평화회의가 열린다는 사실을 조선정부에 알리고 그것을 조선 독립의 정당성을 알리는 외교적인 통로로 활용하기를 권고하였다. 이에 고종은 1907년 헤이그 만국평화회의에 이준 등 세 사람의 밀사를 파견하였다. 헐버트 자신도 헤이그로 가서 유럽 언론과의 인터뷰를 통해서 조선 독립의 정당성을 호소하였다. 하지만 일본의 압력으로 이 일도 결국 실패하고 말았다.

1909년 8월에 헐버트는 다시 조선으로 들어왔다. 강제로 퇴위된 고종으로부터 상하이 독일계 은행에 예치해 둔 25만 달러 상당의 비자금을 찾아 안전한 은행으로 옮겨 달라는 밀명을 받았다. 하지만 해외독립운동을 돕기 위해서 비밀리에 마련해 둔 이 자금도 일본 통감부의 간계로 결국 다 빼앗기고 말았다.

미국으로 돌아간 헐버트는 순회강연과 신문기고를 통해서 기회가 있을 때마다 조선의 독립을 주장하고 루즈벨트의 대한정책을 비판하며 조선을 잊지 않고 돕는 일을 했다. 광복 후 이승만 대통령의 초청으로 86세의 노구를 이끌고 내한하였지만 노쇠한 육신으로 오랜 여독을 견디지 못하고 쓰러져 1949년 8월 5일 세상을 떠나고 말았다.

"웨스터민스터 사원보다 조선에 묻히고 싶다."는 헐버트의 유언에 따라, 그의 유해는 한 살 때 죽은 그의 아들이 묻혀있는 양화진에 안장되었다.

▲ 삼문 출판사에서 일한 선교사 올링거

▲ 양화진에 묻혀있는 올링거의 두 자녀 윌헬마와 비차드

삼문출판사를 시작하신 플렝클린 올링거
Ohlinger, Franklin 1845 - 1919년)

프랭클린 올링거는 1888년 1월부터 1893년 9월까지 조선에서 선교사로 사역한 미국 북감리교 출신의 선교사다. 올링거 선교사는 조선으로 파송되기 전 중국에서 16년간 선교사로 활동하고 있었다. 올링거가 조선에서 첫 사역을 시작할 당시 그의 나이는 42살이었다. 때문에 20대 청년 선교사로 활동하고 있던 언더우드나 아펜젤러에게는 이미 중국과 일본에서 선교 활동을 한 그의 합류로 많은 조언과 가르침을 받을 수 있었다.

조선에서 그리 길지 않은 기간 동안 선교사로 활동하였으나 그의 사역은 조선 기독교는 물론 인쇄와 출판 및 교육 사업에서 커다란 족적을 남겼다. 그는 조선 선교 첫 해에 우리나라 최초의 인쇄소인 삼문활판소를 배재학당에 설립하였고, 현 대한기독교서회의 전신인 조선 성교(聖敎)서회를 조직하여 초대 회장직을 맡았다. 우리나라 최초의 영문 잡지인 〈The Korean Repository〉 역시 그에 의해 창간되었다. 그는 또한 조선인 최초로 목사가 된 김창식을 하인(下人)으로 데리고 있던 중 전도하여 아펜젤러 목사에게 세례를 받게 하였다.

올링거는 여러 전도문서를 번역, 출판하였을 뿐 아니라 그가 쓴 설교학과 목회학 저서들은 조선은 물론 중국과 일본에서도 신학교 교재로 채택되었다. 올링거 선교사는 그의 아내와 함께 초기 조선 감리교 찬송가의 상당수를 번역하여 보급하기도 하였다.

프랭클린 올링거는 후대의 기독교 역사학자들에 의해 미국 북감리교의 초기 선교 신학을 대변한 선교사로 19세기말의 선교 신학의 주요 흐름이었던 '기독교 문명론'(Christian civilization)을 조선과 중국과 일본의 선교 현장에서 구현하였던 선구자로 평가받고 있다.

1889년 2월부터 그는 스크랜튼 대부인이 자기 집에서 시작한 여성들의 모임을 이어받아 여성교회 담임목사가 되었고 1893년에는 당시 한반도의 주도적인 항구 가운데 하나였던 원산에서 의료선교사 맥길과 함께 기독교 서적을 팔며 병자도 고치는 사역을 감당했다.

그 해 5-6월에 올링거 선교사는 열 두 살과 아홉 살 난 아들과 딸을 편도선염으로 잃었다. 조선에서 죽은 최초의 서양 어린이들인 이들을 양화진에 묻은 올링거 선교사 부부는 1893년 9월에 조선에서의 사역을 마치고 미국으로 돌아갔다. 안식년을 마치자 올링거 선교사 부부는 1895년 다시 중국 선교사로 파송되어 1911년까지 복주에서 인쇄소와 대학을 중심으로 사역하였다. 그 이후 은퇴한 올링거 선교사는 미시간 앤 아버에서 1919년 사망하여 톨레도 우드론 공원묘지에 안장되었고, 올링거 부인은 1943년에 주님의 부르심을 받아 남편 곁에 묻혔다.

배재학당을 통해 교육과 선교에 헌신한 배재학당 3대 교장, 달젤 벙커(Dalzell A. Bunker 1853 - 1932)

뉴욕 유니온 신학교의 졸업반이던 벙커는, 최초의 근대식 교육기관인 육영공원의 교사로 1886년 조선에 들어왔다. 육영공원이 양반자제들의 학업 태만과 재정지원의 중단으로 문을 닫자 벙커는 아펜젤러가 세운 배재학당으로 옮겨 갔다.

그는 배재에서 종래의 암기 위주의 주입식 교육방법 대신 토론 위주의 공개적인 방법을 도입하였고, 물리학, 화학, 수학, 정치학 등 새로운 교과도 채택하였다. 또한 아펜젤러가 순직한 후에는 배재학당의 3대 교장으로 일하기도 하였다.

배재학당 3대 교장, 벙커
(Dalzell A. Bunker)

한편 벙커는 조선에 들어온 이듬해 민비의 주치의였던 의료선교사 애니 엘러스와 결혼하였다. 당시 배재의 학생들은 독립협회의 서재필, 윤치호의 강연을 통해서 서구의 정치사상과 민족의식에 눈뜰 수 있었다. 그런데 독립협회가 강제로 해산당하고 중심인물들이 수감되는 사건이 일어났다. 그리고 이때 벙커가 아끼던 제자 이승만도 함께 한성감옥에 투옥되었다. 벙커는 동료 선교사들과 힘을 모아서 한성감옥 수감자들의 처우 개선을 요구하였고, 결국 그 요구가 받아들여져 선교사들이 수시로 감옥을 방문하여 이들을 위로하고 전도도 할 수 있게 되었다. 이 일로 인해 이상재, 이승만, 이원긍, 안국선 등 여러 명의 양반들이 기독교를 수용하게 되었다.

　벙커는 1932년 79세를 일기로 미국에서 별세하였지만 '나의 유골이나마 조선 땅에 묻어달라'는 유언에 따라 그의 아내 애니 엘러스에 의해 양화진에 안장되었다. 애니 엘러스 선교사는 1886년 내한하여 1887년 벙커 선교사와 결혼하였고, 그해 정동여학당(현 정신여중고)을 설립하여 2년 동안 초대교장으로 헌신했다. 남편 벙커가 배재학당으로 옮김에 따라 함께 미감리회로 소속을 옮겼으며, 조선YWCA 창설에도 기여하였다. 1932년 별세한 남편의 유골을 양화진에 손수 묻었고, 그로부터 6년 뒤에는 애니 엘러스 역시 남편 무덤에 함께 묻혔다.

아펜젤러의 좋은 협력자 존스
(조원시, George Heber Jones1867-1919) 선교사

1897년 존스가 사역하던 제물포에서 찍은 가족 사진

존스(조원시) 선교사는 1867년 8월 뉴욕주에서 태어나 1881년 부흥회에서 회심했으며, 1887년 파송돼 1888년 5월 감리교 남성으로는 네 번째로 조선에 왔다. 1891년까지 배재학당 교사와 교장으로 봉직한 후 1892년 제물포 선교관리 책임자로 부임해 내리교회 2대 담임목사가 됐고, 인천 영화학교를 세웠다. 이후 인천·강화·부평·부천·황해 연안·남양 등지의 선교에 힘쓰며 1903년까지 44개의 교회를 개척했고, 3천 여 명에게 세례를 베풀었다. 1894년 내리교회에 조선 최초의 여성전용 예배당을 세웠고, 1901년에는 인천 최초의 서구식 제물포웨슬리 예배당을 신축했다.

1893년 제물포에서 조선 최초의 신학 교육이라 할 수 있는 신학반

을 열었고, 최초의 한글 찬송가인 〈찬미가(1892)〉와 조선 최초의 잡지 'Korean Repository', 조선어 최초 신학잡지 〈신학월보(1900-1909)〉를 발간하는 등 출판 분야에도 공헌했다. 1902년 하와이로 떠난 최초의 한인 이민자들을 주선하는 일에도 앞장섰다.

1909년 부모 봉양과 자녀 교육을 위해 영구 귀국했지만, 이후 뉴욕 북감리회 선교부 총무로 임명돼 조선 선교를 직·간접적으로 지원하면서 조선의 교회와 종교, 역사와 문화에 대해 저술했다. 1911년 조선 선교 25주년 운동 실행총무로 섬겼다. 그는 1919년 5월 플로리다 마이애미에서 52세로 병사했다.

최초의 신학교육을 실시한 존스와 신학반 신학생들 모습

윌리엄 제임스 홀 (Hall, William James, 1860-1894)
평양에서 의료봉사를 하면서 교회를 개척하다

윌리엄 홀은 캐나다 벽촌의 가난한 집안 출신으로 자수성가로 의대를 마치고 의사가 되었고, 뉴욕 빈민가에서 의료 봉사를 하면서 만난 의사 로제타와 약혼을 하였다. 약혼녀인 로제타는 먼저 한국에 선교를 위해 들어오고, 윌리엄은 약혼녀 보다 1년 늦은 1891년 한국에 들어와 두 사람은 서울에서 결혼하였다. 이들 부부는 1894년 평양선교 개척의 중책을 맡고 아직 채 한 살이 안된 아들과 함께 평양으로 가는데, 온갖 핍박 속에서도 이들 부부는 의료 봉사를 하면서 교회를 개척하였다.

윌리엄 제임스 홀
(Hall, William James, 1860-1894)

1894년 평양에서 벌어진 청일전쟁 후에 부상자들과 환자들을 치료하기 위해서 불철주야 노력하던 윌리엄은 자신도 전염병에 걸리게 되

홀기념병원

었다. 뒤늦게 서울로 와서 아내의 돌봄을 받았지만 1894년 11월 24일 한국에 온 지 3년 만에 아내의 품에서 세상을 뜨고 말았다. 이때 그의 아내, 로제타는 임신 7개월 중이었다.

29살의 나이로 남편을 잃은 로제타는 미국으로 돌아가서 딸 에디스을 낳은 후 두 자녀를 데리고 1897년 한국으로 다시 돌아왔다. 그녀는 평양에 남편을 기념하는 '기홀 병원'을 세우고 직접 부인과장으로 일하였다. 이 때 사랑하는 딸 에디스도 이질로 희생되는 말로 표현할 수 없는 고통을 겪었지만 그녀의 헌신은 계속됐다. 그녀는 김점동(나중에 박에스더라고 불림)이라는 한 여성을 미국에까지 데리고 가서 의학교육을 시켰다. 박에스더는 의학공부를 마치고 한국 최초의 여의사가 되었다.

로제타는 한글 맞춤법에 맞는 점자법도 개발하여서 최초의 시각장애인 학교를 세우기도 하였으며, 여성 의사와 간호사를 양성하는 일에도 헌신하였다. 남편과 딸을 잃으면서도 그녀의 헌신은 43년이나 지속되었다.

이들의 아들, 셔우드 홀은 토론토 의대를 졸업하고 역시 의사이던 부인 메리언과 함께 한국에 와서 16년 동안 의료 선교를 하였다. 그는 특히 폐결핵을 치료하는 전문가가 되었는데 그것은 이모처럼 따르던 박에스더가 폐결핵으로 희생되었기 때문이다. 셔우드 홀은 해주에 최초의 폐결핵 요양원을 세우고 환자들을 돌보았다. 당시 폐결핵 환자는 사회에서 완전히 격리된 채 비참한 생활을 감수해야만 했는데 셔우드가 이들에게 사랑과 도움의 손길을 뻗은 것이다.

로제타 셔우드 홀 (Rosetta Sherwood Hall, 1865.9.19.-1951.4. 5)

미국의 의사. 미국의 개신교 감리회 소속 의료 선교사이며 교육자이기도 하다. 1865년 출생하여 1889년 3월 펜실베이니아 여자의과대학을 졸업하였고 미국 감리교 여성 해외선교회(WFMS)에 의해 1890년 조선으로 파견 되었다. 조선으로 파송된 후 처음으로 맡은 임무는 조선 최초의 여성병원인 '보구녀관(현 이화여자대학교 의료원'의 2대 책임자 역할이었다. 전임 하워드 여사가 격무로 인해 건강상을 해쳐 귀국하게 되자 로제타 셔우드가 대신하게 된 것이다. 국내 선교 중에 캐나다인 선교사 윌리엄 홀과 결혼하여 셔우드 홀을 낳았다.

로제타 셔우드 홀
(Rosetta Sherwood Hall
1865.9.19.-1951.4. 5)

1894년 11월 청일전쟁 당시 평양부에서 의료봉사를 하다가 남편 윌리엄 홀이 전염병에 걸려 사별하게 된다. 이후 1895년 1월 18일 딸 이디스 마가렛 홀을 봤다.

이후 로제타 홀은 미국에 일시 귀국하여 조선의 선교 자금을 모금하고 다시 조선에 돌아와 여성 전문 치료시설인 광혜여원을 평양부에 개원하였고, 국내 첫 시각장애인 학교인 평양여맹학교를 설립한 뒤 한글 기반 점자를 최초로 개발하기도 했다. 그러나 1898년 5월 23일 둘째 딸 이디스를 이질로 잃었다.

1921년에는 인천에 가서 인천 최초의 여성병원인 제물포부인병원(현 인천기독병원)을 세우기도 했으며 고려대학교 의과대학의 전신인 조선여자의학강습소를 개설하여 박에스더와 같은 여의사 양성에도 힘썼다.

　1934년 미국으로 돌아갔고 감리회 선교사들의 은퇴 양로원에서 여생을 마쳤다. 1951년 사망 직전 유언으로 남편과 딸이 묻혀 있는 한국에 묻어달라는 유언을 남겨 현재 시신은 한국에 잠들어 있다.

　로제타 셔우드 홀 말고도 아들 셔우드 홀과 며느리 매리언도 조선 결핵 퇴치에 힘쓰는 등 2대에 걸쳐 조선에 의료봉사활동을 하였고 1991년 이들 부부도 양화진 묘역에 묻혔다.

▼ 환자를 치료하는 로제타 홀

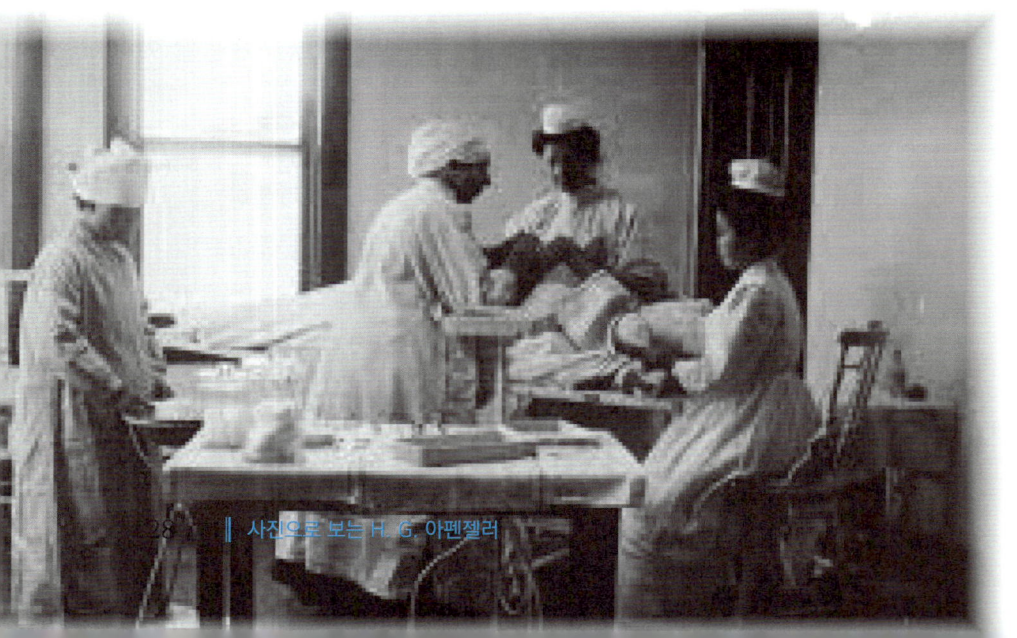

제 6 장
아펜젤러와 함께한 조선인들

서재필 (徐載弼 Philip Jaisohn 1864.1.7.-1951.1.5)

서재필 (徐載弼 Philip Jaisohn 1864.1.7.~1951.1.5.)

서재필(徐載弼)은 조선의 문신, 대한제국의 정치인·언론인이자, 대한제국의 독립운동가·의사이다. 또한 미국에서 병리학자·의사·시인·소설가로 활동하였다. 1977년 11월 30일 대한민국 건국공로훈장 대한민국장에 추서되었다.

동복군에서 태어나 논산에서 자랐다. 자(字)는 윤경(允卿), 호는 송재(松齋)·쌍경(雙慶)이다. 본관은 대구이며 이름 대신 일명 "피제손"과 필명은 오시아(N. H. Osia)를 사용하였다. 김옥균, 홍영식, 윤치호, 박영효 등과 갑신정변을 일으켰으나 3일천하로 끝났다. 이후 일본을 경유, 미국으로 망명했다. 1890년 6월 10일 조선인 최초의 미국 시민권자가 되었다.

1895년 김홍집 내각에서 중추원 고문으로 초빙되어 귀국하였다. 1896년 4월 7일 조선 최초의 민간 신문인 《독립신문》을 발간하였고 그해 7월 독립협회를 설립했다. 이후 독립협회를 통해 토론회와 강연회, 상소 활동, 집회 및 시위 등을 주도했고, 민주주의와 참정권을 소개하고, 신문물 견학을 위한 외국 유학의 중요성을 역설했다. 개화사상을 견제하던 대한제국 정부에 의해 추방된 뒤 미국에서 의사로 활동했다.

1910년 경술국치 이후 조선의 독립운동을 지원하였으며, 재미 조선인 지도자로도 활동했다. 1919년 3.1 운동 이후 본격적으로 독립운동을 지원하면서 자신이 운영하던 문구점과 가구점이 파산할 만큼 생계 곤란을 겪던 그는 독립운동과 동시에 의사로 활동하기도 했다. 1941년 태평양 전쟁 중에는 징병검사관으로 봉사하였다.

광복 직후 미군정 사령장관 존 하지 등의 요청으로 귀국하여 미군정과 남조선과도정부의 최고고문 역을 하였다. 한때 그를 대통령 후보자로 추대하려는 운동이 있었으나 사양하고 1948년 미국으로 출국하여 1951년 후두암과 방광암, 과로의 합병증으로 미국에서 병사하였다.

서재필과 그의 미국인 아내
당시 조선에는 자전거가 단지 몇 대만 있었다.

배재학당에서 학생들을 가르친 좌옹 윤치호 (1965-1945)

좌옹 윤치호 (1965~1945)

윤치호(尹致昊, 1865년 1월 23일-1945년 12월 6일)는 조선, 대한제국의 개혁, 민권운동가, 문신이자 외교관, 언론인, 교육자, 한국의 정치가, 교육자, 사상가, 언론인, 종교가였다. 구한말에는 갑신정변으로 피신했다가 귀국, 독립협회 활동, 독립신문 발행인과

제2대 독립신문사(獨立新聞社) 사장 등으로 활동했으며 만민공동회의 최고 지도자로서 강연, 계몽활동과 민권운동과 민중의 참정권 요구 운동·개혁운동에 참여했고, 서재필이 강제 추방된 이후 독립협회와 반청계몽운동 활동을 지도했다.

그러나 민중의 호응 미진과 정부 및 황국협회 등의 탄압으로 독립협회의 활동이 실패하고 민중 역시 그를 황제에게 불충하는 인물로 보자 실망을 느낀 그는 민중을 계몽의 대상에서 개조, 훈련의 대상으로 보며 시각을 바꾸어 실력 양성론을 주장하기 시작했다. 이후 관직에 투신하여 덕원감리사 겸 부윤, 삼화감리, 외무부 협판, 한성부 판윤 등을 거쳐 러시아 제국의 차르 니콜라이 2세의 대관식에 참관하고 귀국하면서 서구 문물을 통한 계몽, 변화를 확신한다. 이후 한영서원, 대성학교의 교장으로 활동하다 경술국치 뒤에 105인 사건에 연루되어 일제에 의해 투옥되었다.

교육활동으로는 한영서원을 창설하여 지도하고, 송도고보로 고쳐 재단 이사장과 초대 교장을 역임하고 사립학교의 재단이사로도 참여, 연희전문학교·세브란스의학전문학교·이화여자전문학교의 재단 이사로 활동했다. 노동을 경시하는 사회분위기를 지적, 농·공업 교육의 필요성을 인식하고 한영서원의 학생들에게 농업, 목축 등의 실업교육을 지도했다.

사회활동으로는 YMCA 청년회 총무·회장, 1925년 11월 태평양문제연구회 조선지회 회장, 1929년 일본 교토(京都)에서 개최된 제3회 범태평양회의에 한민족 대표자로 참석하였고, 1931년 재만주한인동포위문사절단 단원으로 만주에 다녀온 뒤 흥업구락부 회장을 역임했고, 1928년부터 1937년까지 대한체육회의 전신인 조선체육회 제9대 회장을 역임했다.

1945년 2월 광복 직전에는 귀족원 의원에 선임되어, 이로 인해 친일반민족행위자로도 분류되었다. 윤치호는 조선인 최초의 영어 통역관이기도 하였다. 한국인 스스로 자치능력이 부족하다 판단한 그는 독립운동가들에게 지원을 해주면서도 일정 부분 거리를 두었다. 이솝 우화와 걸리버 여행기를 국내에 처음 번역해서 소개하였다. 또한 윤치호는 자신의 노비를 전원 석방시켰다.

그는 관직 생활을 하면서도 배재학당에 나가 학생들에게 토론하는 방법을 가르쳤다. 그는 토론회의 소모임을 1899년 2월까지 맡아보았는데, 학생들이 토론에서 패했을 때 감정적으로 발언하는 것을 통제하고 억제하면서 감정을 조절하고 대화, 토론하는 방법을 훈련시켰다.

1897년에서 1898년 겨울까지 윤치호는 배재에서 과학개론과 서구 천문학을 가르쳤다. 당시에 천문학이란 학생들에게 환상적인 과목이었다. 윤치호의 천문학 강의는 당시 조선에서는 가장 처음으로 이루어지는 서구 천문학 강의였다고 말할 수 있을 것이다.

서재필의 가르침에 의해 학생들의 눈과 관심이 한반도라는 좁은 땅에서 전 세계로 퍼졌다고 할 수 있을 것이다. 그리고 이제는 윤치호라는 인물에 의해 그들의 눈과 귀와 관심은 지구라는 곳에서 지구 밖 우주로 향하게 된 것이라고 할 수 있을 것이다. 그 당시의 학생들에게는 코페르니쿠스적 전환이라고 할 수 있다.

배재는 당시 어떤 교육 기관도 할 수 없는 학제와 학풍, 교과목, 교수진을 가지고 학생들을 가르쳤다. 아펜젤러는 윤치호가 계속해서 학생들을 가르치기 원했으나, 당시 서재필의 추방으로 인해 독립협회의 운영과 독립신문을 계속해서 발행하고 만민공동회의 참여를 위하여 배재에서 학생들을 가르치는 일을 계속해서 감당할 수 없었다.

이처럼 새롭고 혁신적인 과목들을 가르치고 윤치호, 서재필과 같은 유명 강사의 초빙은 당시 다른 어떤 학교도 흉내 낼 수 없는 일이었다. 이는 창설자인 아펜젤러의 진취성과 개방성, 그의 자유에 대한 애정의 결과라고 보인다. 그는 비록 선교사였지만, 어떤 특정한 사고나 틀에 매이지 않았던 대범한 인물이었음을 보여주는 것이다. 아펜젤러가 초기의 독립협회 운동을 적극적으로 도와준 일도 결국은 이러한 개방성 때문이었다고 생각한다. 일부 동료 선교사들은 아펜젤러의 이와 같은 진취적 자세를 못마땅하게 생각하기도 하였다.

건국 대통령 우남 이승만 (1875-1965)

이승만(李承晚,1875년 3월 26일 ~ 1965년 7월 19일)은 일제강점기 한국의 독립운동가이자 대한제국과 대한민국의 정치인이다. 대한민국 임시정부의 초대 대통령이자 대한민국의 제1~3대 대통령이다. 본관은 전주로 왕실 후손이며 1949년 건국훈장 대한민국장에 서훈되었다. 아명은 승룡(承龍), 호는 우남(雩南)이다.

황해도 평산군에서 태어났다. 대한제국 시절 고종황제가 설립한 《독립신문》과 《협성회회보》 주필, 독립협회 활동 등 계몽운동을 하였고, 왕정 폐지와 공화국 수립을 도모하였다는 반역의 죄목으로 한성감옥에 투옥됐다. 수감 시절 기독교로 개종하고, 옥중에서 계몽활동을 하고,《독립정신》을 저술하였다. 대한제국 말기 헐버트의 상서로 고종황제가 특별히 사면하였다. 고종은 황실내탕금을 지원하여 밀사로 도미시켜 조미수호조약의 유효성을 확인하라는 특명을 내렸으나 큰 성과를 거두지 못하고, 미국에서 학업을 계속하여 5년에 걸쳐 조지워싱턴 대학교에서 학사, 하버드 대학교에서 석사, 프린스턴 대학교에서 박사학위를 받았다. 1912년에 미국으로 망명, 하와이에서 한인학원과 한인학교 등을 운영하며 실력양성운동을 하였다.

1919년 3.1운동 이후 사회주의운동가들 사이에서 독립운동 방법을 놓고 의견이 갈라졌을 때 그는 국내의 사정을 외국에 알리고 양해를 구하는 외교 독립론을 주장하였다. 대한국민의회, 상해 임시 정부, 한성정부 등 각지에서 수립된 임시 정부의 수반을 거쳐 1919년부터 1925년까지 대한민국 임시정부 대통령을 역임하였다. 1919년부터 광복 때까지 구미위원부 위원장, 주미외무행서 외무위원장,

대한민국 초대 대통령 이승만
(李承晩, 1875.3.26-1965.7.19)

주미외교위원부 위원장 등을 역임하며 주로 미국에서 외교 중심의 독립운동을 펼쳤다. 일제강점기 중후반에는 《일본내막기(Japan Inside Out)》를 저술하는 등 일본의 미국 침략을 경고하였고, 1941년 태평양 전쟁이 발발하자 일본 제국의 패전을 확신하고 일제가 망하는 즉시 한국이 빼앗긴 주권을 돌려받을 수 있도록 국제사회가 대한민국 임시정부를 정식 승인해야 된다는 외교활동을 하였고, 미국의 소리 초단파 방송을 통해 고국 동포들의 투쟁을 격려하였으며, 임시 정부와 미군 OSS 간의 한미군사협력을 주선하였다.

1945년 8월 광복 후 김구와 함께 신탁 통치 반대 운동을 주도하였다. 1948년 제헌 국회의장을 지냈으며, 그 해 대한민국 제1대 대통령에 당선되었다. 1949년 농지개혁법 제정, 1953년 한미상호방위조약 체결했다. 1952년 평화선을 선포하여 독도를 사수하였다. 1952년 대통령 직선제를 골자로 한 발췌개헌과 1954년 대통령 연임제한 폐지와 국가주의경제조항을 시장경제조항으로 바꾸는 사사오입 개헌을 하여 대통령을 3회 역임하였다. 1960년 제4대 대통령에 선출되었으나 3·15 부정선거와 4.19 혁명에 대한 책임을 지고 사퇴했고, 하와이로 망명한 후 다시는 대한민국으로 돌아오지 못한 채 그곳에서 객사하였다. 장례는 대한민국에서 가족장으로 집행되었으며, 국립서울현충원에 안장됐다.

우남 이승만(雩南 李承晩, 1875~1965)은 대한민국의 건국(建國) 대통령이자 대한민국 현대사의 핵심 인물이다. 그는 조선시대의 말기에 출생하여 일제 강점기를 지나 해방과 6.25 한국전쟁, 그리고 나라가 건국되는 혼란스러운 과정에서 역사의 중심에 서 있었던 분이었다. 우남은 소년기에는 유학(儒學)을 하였고, 어머니로부터는 불교를 배우고, 청년기에는 배재학당에서 미국 선교사들을 통하여 신학문과 접하며, 기독교라는 서양 종교를 접하게 되었다. 배재학당을 졸업한 후에는 「매일신문」과 「뎨국신문」 등 자신이 직접 창간에 관여한 언론매체를 통하여 고종 황제의 보수정권을 신랄히 비판함과 동시에 독립협회-만민공동회 총대위원으로서 극렬한 반정부 데모를 주동한 이유로 체포되어 한성감옥에 갇히게 되었다.

우남은 한성감옥의 고통스러운 생활을 견디며 그리스도를 영접하고 그리스도인이 되었다. 그리스도인이 된 이후로는 평생을 기독교 사상을 가진 기독교인으로 사신 분이었다. 건국 대통령으로 우남은 이 나라를 미국과 같은 민주적 기독교 정신 위에 세워진 나라를 세우려고 고군분투했다. 우남은 한성감옥에서 1905년 여름에 저술한 『독립정신』의 마지막 부분을 쓰면서 이렇게 말하고 있다.

"지금 우리나라가 쓰러진 데서 일어나려 하며 썩은 데서 싹이 나고자 할진대, 이 교(기독교)로써 근본을 삼지 않고는 세계와 상통하여도 참 이익을 얻지 못할 것이요… 마땅히 이 교로써 만사에 근원을 삼아, 나의 몸을 잊어버리고 남을 위하여 일하는 자 되어야 나라를 일심으로 받들어 영, 미 각국과 동등이 되리라." 즉 우남은 멸망지경에 도달한 대한제국이 부흥하여 미국이나 영국 같은 일등 국가가 되기 위해서는 기독교를 받아들여 국기(國基)로 삼아야 한다고 주장한 것이다.

미(美)선교회의 1호 목사인 김창식(金昌植 1857~1929.1.9)

미(美)선교회의 1호 목사인 김창식(金昌植 1857~1929.1.9)은 1857년 황해도 수안군 성동면 생금리에서 태어났다. 서당에서 한문공부를 하며 성장한 김창식은 농사일을 하다가 나이 21살에 세상을 알기위해 고향을 떠나 전국을 떠도는 방랑생활을 하였다. 때로는 지게꾼, 막노동꾼 머슴살이, 마부 등을 하면서 전전하다가 마침내 나이29세 되던 1886년, 박노덕과 결혼을 하면서 정착생활로 접어들게 되었다.

김창식(金昌植 1857~1929.1.9)

당시 장안에는 서양 야소교인들이 아이들의 간을 떼어 약을 만든다. 아이들의 눈을 빼어 만든것이 카메라라는 괴이한 소문이 파다하였다. 이것은 반 개화성향의 수구파 세력이 조작한 것이었다. 이 소문을 들은 김창식은 서양인의 야만성이 정말인지 확인하고 싶었다. 그런데 마침 김창식은 미국 북감리교 선교사 올링거(F. Ohlinger)의 집에 잡부로 취직을 해서 선교사의 사생활 일체를 철저히 감시하면서 그들의 불미스런 행동을 찾고자 하였다. 그러나 소문으로 들었던 불측하고 해괴한 일은 찾을 수가 없었다.

오히려 올링거 목사 내외의 인격과 신실한 생활에 감화를 받고 그의 마음이 열리게 되었고, 올링거, 아펜젤러 선교사로부터 마태복음을 비롯한 4복음서와 '셩경초등문답' 등의 교리서를 배웠다. 마침내 김창식은 1890년경 세례를 받고 1892년 봄, 미국 감리회 조선선교회에서 정식으로 임명한 전도인이 되었다.

그후 1893년 올링거가 미국으로 돌아가자, 미국 감리교 의료선교사 홀(W. J. Hall 1891년 12월 내한)의 개인비서 겸 조사가 되어 평양으로 갔다. 서문 밖의 어느 기생집을 사들여 진료소를 겸한 예배당을 마련하고, 그해 8월 김창식은 홀과 함께 평양지방에 정식으로 파송되어 순회전도를 시작하였다. 당시 신혼이던 홀이 평양과 서울을 왕래하면서 일을 보는 동안 교회업무를 김창식이 거의 도맡아 함으로 선교사의 업무를 충분히 이해하면서 감당하게 되었다.

1898년 정동교회 교인들의 사진에는 김창식, 김기범, 신흥우 최병헌과 같은 이들의 이름이 눈에 띈다

청일 전쟁 당시 일본 군안들이 포로가 된 청나라 부상병들을 치료하고 있다.

1894년 7월에 청일전쟁이 일어나 평양이 전쟁터가 되었다. 당시 교회당이나 선교사가 운영하던 병원은 치외법권 지역이어서 피난가지 못한 이들의 은신처였는데, 홀 선교사와 김창식은 남아서 피난하지 못한 사람들과 환자들을 헌신적으로 돌보았다. 또한 그해 12월 제임스 홀 목사가 갑자기 세상을 떠나자 김창식이 평양선교를 도맡아 하는 등, 위기 상황에도 변함없이 선교활동을 하여, 전쟁이 끝난 후 오히려 교회는 크게 부흥하였다.

1896년부터는 노블과 함께 평양 이북지역의 감리교회를 이끌며 그해부터 시작된 신학회에 들어가 4년 과정의 정식 목회자 수업을 받았다. 1899년에는 삼화 골로 파송 받아 평양 밖 지역까지 전도하였다. 이후 '순행(巡行) 사역자'로 서북지방의 소외당하고 버림받은 사람들을 찾아다니며 그리스도의 교리를 전파하는, '길바닥의 목사' '민중 전도인' 등으로 알려지게 된다. 열다섯 나이에 집을 떠나 유랑하며 얻은 경험적 지식이 목회에 도움이 되었다.

그리고 마침내 개신교 선교가 시작된 후 17년만인 1901년 5월 14일, 서울 상동교회에서 개최된 제17회 미국감리회 조선선교연회에서 스크랜턴 감독의 집례로 조선인 최초목사로 김창식과 김기범은 집사목사 안수를 받았다. 목사 안수를 받고 즉시 그는 고향인 황해도 수안군에 파송 받아 1년간 활약하다가 신계로 옮겼고, 1904년에는 조선인 최초 지방감리사로 임명되어 북한지역 순행목사로 5년 간 순회전도에 진력하였다. 1918년은 경기도에서, 1919년은 안산구역에서, 1920년에는 수원 서(西) 지방에서 각각 순행목사로 일했다. 그리고 1921년부터 1924년까지 67세로 정년은퇴하기까지는 황해도 해주지방 순행목사로 활약했다. 은퇴 후에는 외아들(김영진)의 보살핌 속에서 제임스 홀 선교사의 아들인 셔우드 홀이 조선에 와서 결핵환자들을 위해 세운 해주 구세요양원에서 지내다가, 1929년 72세를 일기로 조용히 하나님의 부르심을 받았다.

이처럼 김창식 목사는 1901년 조선인 최초목사가 된 후 은퇴하기까지 25년 동안 전국을 돌며 125개 교회를 개척하였고 48개 예배당을 건축하였다. 평생을 산골과 농촌에 흩어져 있는 교회들을 방문하고 거리에서 전도하는 등, 전국을 누비며 평생을 방랑길에서 고난과 박해를 받으면서도 신앙심이 약한 교인과 불신자들을 찾아가 몸으로 그리스도교 교리를 전파하였다. 밑바닥 인생을 전전하다가 조선 최초 목사가 되는 신분의 수직 상승을 하였지만, 마지막 순간까지 '낮은 자'의 자세를 견지하며 선교사들로부터 '조선의 바울' 이라는 칭호를 받은 사람, 그가 바로 조선인 1호 목사 김창식 이다.

조선에서 처음으로 목사가 된 김기범(金箕範 1868년 ~ 1920년) 목사

김 기범 목사

1868년 출생한 김기범 목사는 1890년 기독교에 입교한 후 전도사 신분으로 인천 제물포지역 등에서 전도 활동을 하였다. 김기범은 1885년 6월에 내리교회에 초대 목사로 부임해 온 아펜젤러를 도와 노병일(盧秉日), 백혜란(白惠蘭) 등과 함께 전도 활동을 하였으며, 1892년 2대 목사로 부임한 존스(趙元時) 밑에서 정식으로 전도사가 되어 활동했다.

1899년에 '신학회(神學會)'의 전도사 과정을 이수하고 원산으로 파견되기도 하였으며, 1901년에 서울 상동교회에서 개최된 제17회 조선선교회에서 무어 감독 주례로 시란돈, 조원시, 로보을 목사의 보좌를 받아 조선인 최초로 목사 안수를 받았다. 내리교회 교인으로서 조선 개신교 사상 최초의 조선인 목사가 된 것이다. 1912년 제물포 내리교회 담임목사로 부임하였고 내리교회에 재직하면서 교회에서 운영하는 영화(永和)학교 교장을 겸임, 후진 교육에도 힘썼다.

슬하에 5남매를 두었는데, 교육학자인 김애마(1903 ~ 1996)가 막내딸이다. 김애마는 조선 최초의 사립 사범대학인 이화여자대학교 사범대학의 설립하고 초대 학장을 역임하는 등 많은 분야에서 왕성하게 활동한 교육학자였다.

헌신적이고 재능이 뛰어났던 그는 교인을 모으고 신앙을 전파하는 동시에 학교를 세우는 등 교육사업에도 힘썼다는 평가를 받는다. 일제강점기에는 독립운동에 앞장섰다가 친일 선교사들에 의해 감리교회 연회에서 제명되는 사건을 겪기도 했다. 1920년 3월 27 지병으로 별세한 이후 지금까지도 복권되지 못했다. "김기범 목사는 내리교회 청년회 지도자로 인천지역 근대 초기 독립운동을 이끌었다"며 "'엡윗청년회'는 교회 내 신앙 속에서 계몽교육봉사를 목적으로 활동했지만 1905년 을사늑약 이후 조선 사회에 항일 독립운동의 중심이 됐다"고 말했다.

▼ 김 기범 목사가 사역했던 인천 내리교회

정동교회 한인 담임자, 한학자(漢學者) 최병헌 목사

1858년 1월 16일 충청북도 제천에서 아버지 최영래(崔永來, 1829~1903)와 어머니 곽씨사이의 차남으로 태어났다. 가난한 살림에 옆 동네 서당에 드나들면서 수치를 겪으며 동냥 공부를 하여 독학으로 한학을 배워 과거시험에 응시했으나 낙방했다. 한학자였으나 영환지략(瀛環志略) 등을 읽고 발달한 서양 문물의 중심에 기독교가 있음을 알게 되고 개국론, 문명개화론의 입장을 지녔다.

정동교회 2대 담임자, 한학자 최병헌 목사

1888년 존스(George Heber Jones) 선교사의 어학 선생이 된 것을 계기로 배재학당의 한문(漢文)교사가 되어 선교사들과 교제를 가졌다. 처음에는 서양인들과 그 종교에 경계심을 갖고 있었으나 1888년 정동의 양관(洋館)에서 한문으로 된 신약성경을 입수하여 5년여에 걸쳐 성경을 연구한 끝에 개종을 결심, 1893년 세례를 받았다. 이후 정동교회 전도사, 성서번역위원, 독립협회 간부, 제국신문 주필, 신학월보 편집인으로 있으면서 독립신문, 죠선그리스도인회보, 대한매일신보, 황성신문 등에 기고하면서 저술 활동을 하였다. 1901년 '신학월보'에 발표한 "죄도리"는 조선인이 쓴 최초의 기독교 신학 논문으로, 그에게 조선인 최초의 신학자란 명예를 안겨준 논문이다.

1916년부터 '신학세계'에 "종교변증설"을 연재하기 시작했는데, 이것은 동서양의 종교들과 당시 조선에 있던 신흥 종교들까지 포함하여

기본 교리를 분석한 것으로, 1922년에 '만종일련'이란 제목으로 출판되었다. 이 책은 유불선 등 동양 종교뿐 아니라 힌두교, 유대교, 이슬람교, 라마교 등의 고등 종교와 당시 조선에 유행하고 있던 백련교, 태극교, 대종교, 천도교, 태을교 등 신흥 종교들까지도 망라해 취급하고 있다.

1902년 목사 안수를 받았다. 정동교회 창설자인 아펜젤러 목사가 사망하자 1903년 제2대 담임목사로 부임하여 1914년까지 목회활동을 하였다. 1914년 인천·서울 지방의 감리사가 되었고 1922년 감리교협성신학교 교수로 부임하여 사망 때까지 비교종교론과 동양사상을 강의했다.

아펜젤러 선교사의 조사 조한규

조선에 처음으로 와서 조선어를 가르치는 어학교사 겸, 비서(祕書)로 같이 지낸 분은 조한규라는 분이었다. 이분은 한학자였고, 그림을 그리면 대나무를 잘 그렸다고 한다. 그는 유학(儒學)을 공부하는 사람으로서 조선인의 예의범절과 나이 든 사람과 젊은 사람이 지켜야 할 예절(禮節)이 밝았다.

조한규

유학(儒學) 이외에는 다른 학문이 없다고 할 정도로 유학이 최고(最高)의 학문이라고 믿고 살았던 분이었다. 그렇기 때문에 당시 미국에서 온 선교사들과 가끔 문화적인 충돌을 겪었다고 한다. 선교사들과 충돌이 생기면 노발대발하였고, '동방(東邦) 예의지국(禮儀之國)에 대해 네가 무엇을 아느냐?' 하면서 호통을 치고 싸우는 일이 많았다고 한다.

그러나 아펜젤러는 조한규 씨와 한 번도 다툰 일이 없었다. 더구나 조한규 씨는 성공회 교인이어서 신앙생활이 맞지 않았음에도 불구하고 오랫동안 함께 지낸 것을 보면, 아펜젤러가 덕성(德性)이 두텁고 인내심이 많은 분이라는 것을 알 수 있을 것이다. 조한규는 1902년 6월 11일 서해 어청도 앞바다에서 아펜젤러와 함께 돌아가셨다.

제 7 장
초기(初期) 배재에서 수학(修學)한 인물

해관(海觀)오긍선(1878-1963)

첫 피부과 의사, 세브란스의전 한국인 초대학장 - 해관(海觀)오긍선

해관 오긍선(吳兢善)은 1878년에 태어나 1963년까지 살다 간 의학자, 교육자이며 사회사업가이다. 충남 공주에서 출생하여 1900년 배재학당을 졸업한 뒤 미국으로 건너가 1904년 센추럴대학에서 물리, 화학을 수학하였으며 1907년 루이빌의과대학을 졸업하면서 의사자격증과 의학박사학위를 취득한 후 큰 뜻을 품고 고국으로 돌아왔다. 1907년 군산 야소교병원장에 부임하였으며, 같은 해에 선생은 나라의 장래는 청소년 교육에 있다고 느껴 소학교 및 중학교를 설립하고 자신이 학교의 책임자로서 학교 발전을 위해서 애썼다.

1910년에는 광주 야소교병원장으로 일하였고, 1911년에는 목포 야소교병원장으로 부임해서도 학교 교육의 뜻을 잃지 않고 목포에 소학교 및 중학교를 설립하여 목포 정명중학교장으로 취임하였다.

1912년에 세브란스의학전문학교 교수로 취임하였으며, 1916년에는 선진 의학을 배우기 위해 도쿄대학 의학부 피부과 및 성병과 교실에서 1년간 피부과학과 성병과학을 공부하였다. 1917년 귀국하여 세브란스의학전문학교에서 우리나라 최초로 피부과를 창설하였으며 과장 겸 주임교수로 취임하여 타국에서 수학한 바를 국내에 널리 전하였다.

그는 의학자로서 연구활동 뿐 아니라 당시 우리나라의 암울했던 고아문제를 해결하고 훌륭한 국민으로 일할 수 있게 하겠다는 뜻을 품고 1919년 경성보육원을 설립하여 고아 양육사업을 시작하였다. 그 후에도 최신 의학을 습득하기 위해 1930년 오스트리아로 건너가 오스트리아 빈-대학에서 피부과학을 수학하였다.

1934년에는 에비슨 초대 교장의 뒤를 이어 세브란스의학전문학교의 초대 한국인 교장으로 취임하였다. 그는 의학발전 및 사회사업에 미친 공로를 인정받아 미국 센추럴대학에서 명예이학박사, 루이빌대학에서 명예법학박사학위를 받았다. 1942년에는 자신이 스스로 65년 정년제를 정하여 교장직을 사임하였고 명예교장으로 추대되었다.

오긍선은 이러한 공로를 인정받아 수많은 상을 받았다. 1949년 정부로부터 사회사업공로표창을, 1955년에는 보건사회부장관의 사회사업공로표창을, 대한의사협회에서 의학교육공로상을 받았다. 1962년에는 연세대학교에서 명예법학박사학위, 정부로부터 공익표창, 새싹회의 소파상을 각각 받았다. 1963년에는 정부로부터 최고공로상인 대한민국장과 훈장이 추서되었다.

▼ 환자를 치료하는 해관 오긍선

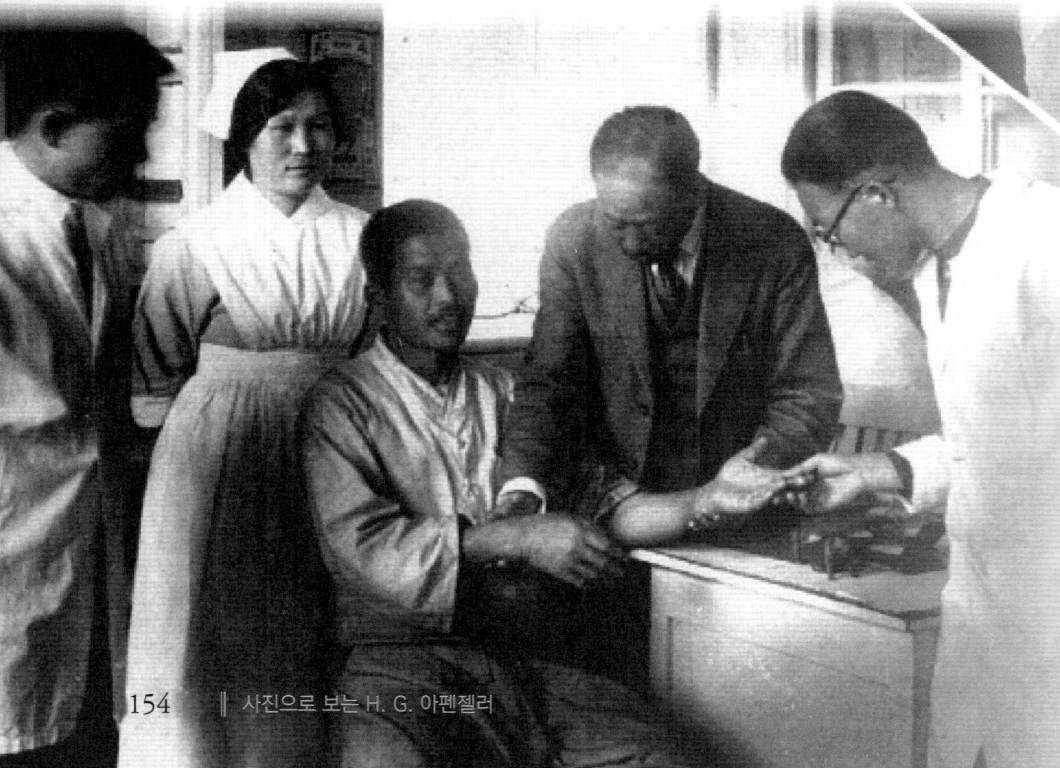

한인 처음 배재 교장 신흥우(申興雨, 1883년 3월 26일-1959년 3월 15일)

금하 신흥우(申興雨)

호는 금하(錦霞). 1883년 충청북도 청원에서 출생하였다. 12세 되던 해인 1894년 배재학당에 입학하여 5년간 수학하였다. 배재학당 시절에 접한 기독교와 서구사상은 이후 활동과 사상에 큰 영향을 미쳤다. 서재필 등과 교류하며 민주주의를 배우고 그에게 감화를 받아 협성회와 독립협회 활동에 적극 참여하였다. 16세 때 부친과의 약속을 어기고 아펜젤러에게 세례를 받아 이른 시기에 기독교인이 되었다.

1889년 배재학당을 졸업한 후, 개화와 자강을 위해 독일어를 배우는 것이 좋다는 아펜젤러의 권유에 따라 1901년 관립 한성덕어학교에 입학하였다. 재학 중 학생회 대표로 과격한 정치개혁을 주장하다 투옥되었다. 수감 중 독립협회 주도 인물인 이상재·유성준·김정식·이승만 등과 교류하였고, 벙커·게일 등 선교사들이 전달해준 각종 서적을 통해 기독교와 서구 사상에 대한 지식을 심화시켰다.

1903년 초 출옥한 뒤 선교사들의 권유를 받아들여 미국 유학을 떠났다. 미국 남가주대학에 입학하여 서재필·윤치호의 뒤를 이어 미국 유학 제2세대가 되었다. 남가주대학 예과 2년을 수료한 후 문리과대학으로 전과해 1910년 학사학위를 받았고, 1911년 석사학위를 받았다. 유학하는 동안 1908년 3월 친일 외교관 미국인 스티븐슨을 저격한 사건으로 재판을 받던 장인환(張仁煥), 전명운(田明雲)의 변호사 및 통역을 맡았다.

1911년 5월 귀국한 뒤 모교인 배재학당의 학감이 되었고, 이듬해 학당장에 취임하였다. 이후 1910년대 내내 정동교회, 감리교 선교부 교육이사회, 조선중앙기독교청년회(YMCA) 등에서 중심적인 역할을 하였다. 당시 윤치호와 함께 감리교계의 가장 중심적인 인물로 활약하였으며, 감리교와 YMCA를 대표해 각종 기독교 국제대회에 참석하였다. 1919년 3월 미국 오하이오 주에서 열린 미감리교 100주년 기념대회에 참석하고, 『한국의 재생』이라는 책자를 펴내기도 하였다.

조선 YMCA 총무들 사진.
앞줄 왼쪽부터 브로크만 선교사, 신흥우, 윤치호,
뒷줄 왼쪽부터 질레트 선교사, 이상재.

백산(白山) 지청천 장군

지청천 장군은 일제 강점기 대한민국의 독립을 위해 헌신한 군인이자 독립 운동가이다. 그는 신흥무관학교에서 독립군을 양성하고, 한국광복군 총사령관을 역임하며 항일 무장 투쟁을 이끌었다. 또한, 대전자령 전투 등에서 일본군을 격파하며 독립운동에 큰 족적을 남겼다. 대한민국 정부 수립 후에는 제헌 국회의원으로 활동하며 정치 분야에서도 기여했다. 지청천은 1888년 1월 25일 서울 삼성동에서 태어났다. 관명은 석규(錫奎)이고 아명은 수룡(秀龍)이다. 어린 시절 서당에서 전통 한문을 배우다가 신식 학문을 배우기 위해 배재학당에 입학했고, 황성기독교청년회에 참여하면서 민족의식을 길렀다. 일제의 침략에 맞서 군인이 되기로 결심하고 1908년 대한제국 육군무관학교에 입학하였다.

한국광복군 총사령관
백산 지청천 장군

그러나 1909년 9월 통감부의 압력으로 대한제국 군부가 폐지되고 학교도 문을 닫으면서 지청천은 일본 육군유년학교 유학을 떠났다. 유학 도중 1910년 8월 경술국치(庚戌國恥)를 당하자 일본 육사 예비 교육에 있던 한인 유학생 사이에서는 학업을 지속하는 것을 둘러싼 동요가 일어났다. 지청천은 근대적 군사훈련을 습득한 뒤 일본군을 탈출해 항일무장투쟁을 전개하기로 결심하고 끝까지 학업을 이어 나갔다. 일본 육군사관학교를 거쳐 1914년 5월 일본 육군사관학교를 졸업하고 육군 중위로 재임하던 그는 1919년 국내에서 일어난 3.1운동 소식을 듣고 독립운동에 참여할 기회가 왔다고 생각하였다. 이에 국내로 돌아와 남만주로 망명하여 본격적인 독립운동에 몸을 던졌다. 남만주로 망명한 지청천은 서간도 유하현에 있는 신흥무관학교에서 교관으로 활약하였다. 신식 군사교육을 받은 교관이 부임하자 지원자들이 증가하였다. 그러나 1920년 일제가 만주 군벌과 탄압연합군을 편성해서 신흥무관학교를 폐쇄시키자 지청천은 재학생을 주축으로 결사대를 조직해 러시아로 이동했다가 만주로 다시 돌아왔다. 1930년에 한국독립군을 조직하고 총사령이 된 지청천은 1931년 만주사변 이후 중국과 만주 전역에서 전투를 펼쳤다.

총사령 리더십을 높이 평가받은 지청천은 1940년 충칭에서 대한민국 임시정부의 국무위원 겸 한국광복군 총사령관에 임명되었다. 이후 그는 대한민국 임시정부와 함께 광복군을 정식 군대로 창설해 일본에 맞서 싸웠다. 특히 1945년 광복군 제2지대가 국내 진공작전을 펼치기로 하고 국내 진입을 준비하던 중 8.15 광복이 다가오면서 작전은 무산되었다. 그러나 지청천의 국내진공작전은 독립운동사에 길이 남을 군사적 업적으로 평가된다.

김소월(金素月, 1902년 9월 7일 (음력 8월 6일) - 1934년 12월 24일)

김소월(金素月, 1902년 9월 7일 (음력 8월 6일) - 1934년 12월 24일)은 일제강점기의 시인이다. 본명은 김정식(金廷湜)이지만, 호인 소월(素月)로 더 널리 알려져 있다. 본관은 공주(公州)다. 1934년 12월 24일 평안북도 곽산 자택에서 향년 33세로 병사한 그는 서구 문학이 범람하던 시대에 민족 고유의 정서에 기반(基盤)한 시를 쓴 민족 시인으로 잘 알려져 있다.

김소월

한국 귀화 필기시험에 〈진달래꽃〉의 지은이가 누구냐는 문제가 나온다. 즉, 김소월을 모르면 한국인이 아니라는 소리다. 민족시인이자 한국 서정시의 원류로 불리는 한국을 대표하는 시인이다. 전 국민 애송시 1위 역시 한국 서정시의 기념비적 작품인 김소월 시인의 〈진달래꽃〉이다. 김소월은 노래로 불려진 시가 가장 많은 시인, 교과서에 맨 처음으로 시가 등재된 시인이기도 하다.

김소월이란 이름 석 자와 인지도는 매우 유명함에도 불구하고 제대로 된 사진 하나 남기지 못한 불운한 인물이기도 하다. 사실 이는 김소월의 취향 때문인데 아들 김정호 씨의 증언에 의하면 김소월은 살아생전에 사진 찍는 것을 싫어했다고 한다. 본 문서에도 있는 오산학교 재학 시절의 사진이 김정호가 집에서 본 김소월의 유일한 사진일 정도였다고 한다.

1919년 3.1 운동의 여파로 오산학교가 문을 닫자 김소월은 배재고등보통학교에 편입학하여 졸업한다. 1923년 일본의 도쿄상과대학(오늘날 히토쓰바시대학)으로 유학을 갔으나 하필이면 입학 직후 관동 대지진과 일본의 잔혹한 한국인 학살 사건이 발생하여 일본의 분위기가 흉흉해진 탓에 신변의 위험을 느끼고 1924년 도쿄상과대학을 중퇴한 후 귀국했다. 당시 집안이 점점 기울던 김소월의 집안은 가문의 마지막 자존심 겸 집안을 일으킬 마지막 희망이라는 기대를 가지고 가문의 전 재산 절반을 밑천 삼아 가까스로 김소월을 도쿄상과대학에 입학시켰기 때문에 학업을 다 마치지 못한 아쉬움과 자책감은 김소월에게 평생 한으로 남았다.

귀국 후 김소월은 스승 김억과 경성에 가서 약 4개월간 일자리를 알아보지만 일자리를 구하지 못한 채 고향으로 돌아온다. 경성에서 머무는 동안 김소월은 자신과 비슷한 처지인 소설가 나도향과 친하게 지냈으며 경성에서 구성군으로 돌아오기 직전인 1925년 자신의 유일한 시집이 된 〈진달래꽃〉을 김억의 자비 출판으로 출간하였다.

한국의 전통적인 한(恨)을 노래한 시인이며 짙은 향토성을 전통적인 서정으로 노래한 것으로 평가받고 있다 1934년 12월 24일 크리스마스 이브에 뇌일혈로 세상을 떠났다고 한다.

소월의 죽음을 다룬 신문기사

제 8 장
조선 문화를 사랑한 아펜젤러

아펜젤러는 조선에 도착하기 이전부터 조선에 관심을 가지고 있었다. 그는 선교사로 지내는 동안 조선 팔도를 여섯 차례나 여행하면서 서양인의 눈에 비친 조선인과 조선의 신기한 것들을 그의 글로 혹은 사진으로 남기고 있다. 이장에서는 그 가운데 몇 장을 선정(選定)하여 옮겼다. 거의 140여년 전의 조선의 인물들 그리고 조선의 모습들은 이 땅에 태어나서 이 시대를 살아가는 우리들에게도 신기한 것이다.

조선의 형벌, 참수형

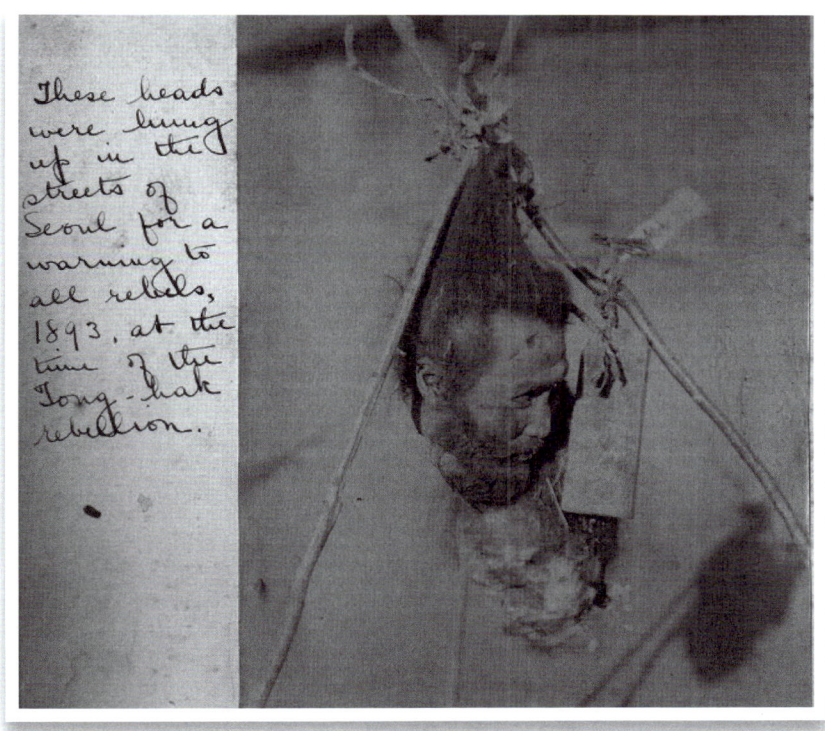

1893, 동학농민운동에 우두 머리는 반역자로 몰려 참수형 이라는 끔찍한 형벌을 받았다.

　국가에 대한 반역이라 생각한 조선정부는 동학란에 참여한 사람들에게 가혹한 형벌을 내렸다. 그들의 머리를 참수(斬首)하여 사람들이 많이 지나는 사거리에 걸었다. 다시는 이런 일이 없도록 하려는 의도로 보여 진다.

옥천암 백불 (White Budda)

아펜젤러는 배재학생들과 더불어 서울의 북쪽인 자하문(紫霞門)밖 자두골로 소풍을 갔다. 석파정을 지나면 지금의 홍지동에는 맑은 북한산 골자기 물이 흐르는 홍제천이 있고 다시 홍지문을 지나면 바로 옥천암(玉川庵)이라는 사찰이 나타나는데 그 사찰에는 큰 바위를 부조(浮彫)한 형태로 고려시대에 만들어진 커다란 부처상이 있다. 그 부처는 흰색 의상(衣裳)을 갖추고 있다. 아펜젤러는 이 부처를 신기하게 생각을 하셨는지 사진으로 남기고 그 아래 백불(White Budda)이 라고 기록하였다.

아펜젤러의 평양 방문

아펜젤러는 1898년 3월 9일부터 26일까지 또 다시 평양을 방문한다. 2년전(前)인 1896년 8월에 파송된 노블(W.A. Novle) 선교사가 아펜젤러를 가쁨으로 맞이하였다. 이곳에 머무는 동안 아펜젤러는 3월 20일 주일에는 조선인들에게 3번 설교하였고 외국인들에게도 설교하였다. 아주 좋은 위치에 예배당이 있으며, 이 교회는 교인들이 드린 헌금으로 건축이 되었고 운영되고 있다고 하였다. 아펜젤러는 11년 전에 이곳을 처음 방문하였을 때에 소나무 밑을 거닐며 주님께서 도와주시기를 간구하였는데 이제 나의 기도를 응답하신 것에 대하여 감격스럽다고 회고(回顧)하고 있다.

아펜젤러가 바라본 평양 전경, 좌측에 대동문이 보인다.

청계천의 오간 대수문

아펜젤러는 조선의 건축물에 상당히 매료되었다. 이방인이었던 아펜젤러에게 조선의 궁궐이나 사찰 그리고 이와 같은 아름다운 석조 아치형 다리는 조선 문화를 대표하는 상징물과 같이 여겨졌을 것이다.

서울 근교의 paper 마을이라 기록을 하였으나 정확하게 어디를 말하는지는 구별하기가 어렵다. 다만 우리가 아는 것은 세검정 근교에 종이를 만들어 공급하는 조지서(造紙署)가 있었다는 것은 역사적 사실이다. 그 종이가 만들어졌던 곳에서 멀지 않은 곳에 사진과 같은 모습의 다리가 지금도 존재하고 있는 것이다. 지금도 이런 다리들을 청계천 하류에서도 볼 수 있다.

홍지문 옆 오간 대수문 다리는 1921년 모두 파괴되었다가 서울시에 의하여 1977년 복원되었다.

청계천 일대의 오간 대수문

가을 농촌의 추수하는 장면

　조선시대 농촌의 추수는 농민들의 삶과 생존에 직결된 가장 중요한 농사일 중의 하나였다. 보리는 봄에 밭에서 하지만 보통 추수라 함은 주로 벼 수확을 의미하는 것이었다. 수천 평의 땅을 기계로 경작하는 미국과 달리 모든 일을 손으로 해야 하는 소규모의 추수활동이 아펜젤러의 눈에는 신기해 보였을 것이다. 산 밑으로 초가집이 보이고 두 사람의 농부들 뒤로는 물건을 나를 때 사용하는 지게가 보인다. 영어로 지게로 일하는 사람이라고 쓴 것이 인상적이다.

조선시대의 복장

조선시대의 복장은 신분과 성별 계절과 용도에 따라 매우 다양하였다. 옷을 통하여 유교적 가치관과 예법을 중시하는 사회적 분위기를 반영하고 있다. 옷을 통하여 그들의 신분과 직책을 표시하였다. 임금이 공식 석상에서 입는 의복을 곤룡포라고 하는데 용의 무늬가 새겨져 있다. 왕이 관복을 입고 쓰던 모자를 익선관(翼善冠)이라 하였다고 한다. 황색과 붉은 색은 왕실에서만 사용하는 색깔이었다.

평민들은 짚신이나 나막신을 신었고 삼베나 무명옷을 입었는데 색깔은 주로 흰색이었다. 그래서 조선인들에게는 백의(白衣)의 민족이라는 별명이 붙었다.

조선시대 어린이들

조선시대 어린이들은 여러 가지 노동에 시달리곤 했다. 양반집 도련님이야 글만 읽으면 그만이겠지만, 중·하류층 집안의 아이들은 집안일과 생계를 위해 일을 하지 않을 수 없었다. 특히 부녀자와 여자아이들의 가사노동은 혹심했다. 다듬이질 같은 것은 기본이고, 빨래·청소 등 잡다한 집안 일을 처리해야 했다. 남자아이들 또한 산에서 나무를 베거나 갈퀴로 나뭇잎 등을 긁어 모아야 했다. 그 외에 동네 우물에서 물을 긷는 것도 아이들의 몫으로 돌아오는 경우가 많았다.

제 9 장
아펜젤러의 죽음

▼ 아펜젤러가 타셨던 구마가와마루 호와 같은 기선(汽船)

예기치 못한 선박 충돌사고

그리피스에 따르면 6월 11일 밤 10시쯤 보울비는 아펜젤러와 비스킷을 곁들인 차로 가벼운 저녁을 함께 나누며 친분을 쌓은 후 각자의 방으로 돌아갔다. 보울비가 옷을 벗고 잠을 청하려고 했을 때 맞은편 객실의 아펜젤러는 책을 읽고 있었다. 구마가와 호는 아무런 기적소리도 내지 않고 순항하고 있었으며 조수는 30피트(약 9m 정도)에다가 수심은 150피트(약 45m) 가량 됐지만, 바다는 고요했다.

그러다가 옅은 안개가 점점 더 짙어지더니만 아무 경고도 없이 수분 후에 충돌 사고가 일어났다. 그야말로 순식간에 벌어진 대참사였다. 558톤급의 구마가와마루 호와 같은 "오사카 상선회사"(大阪商船會社) 소속의 675톤급 기소가와마루(木曾川丸) 호가 정면으로 충돌한 것이다. 아펜젤러가 탄 배가 뱃머리에서 20m쯤 되는 선체 옆을 들이받힌 채 가라앉고 있었다. 보울비는 혼비백산(魂飛魄散)해서 90초 내로 옷을 반쯤 걸쳐 입은 채 갑판 승강구 쪽으로 뛰쳐나갔다. 그때 보울비는 조한규와 여학생으로 추정되는 두 사람이 방에서 나오는 것을 봤지만, 갑판까지는 올라오지 못한 것으로 추측했다.

갑판의 앞쪽 절반이 벌써 물에 잠기고 고물(船尾)은 바다 위로 치솟고 있었을 때, 보울비가 목격한 "아펜젤러는 매우 흥분한 상태에서 무엇인가를 하려고 애쓰고 있는 것 같았지만, 분명히 배에서 탈출하려는 시도는 하지 않는"(Mr. Appenzeller, who seemed to be laboring under great excitement, apparently made no attempt to get away from the ship) 어정쩡한 모습이었습니다.

그 순간 보울비는 다시 배 뒤쪽으로 건너 뛰어 배의 난간을 붙들고 기어올랐습니다. 선박이 간신히 균형을 잡게 됐을 때 보울비가 목격한 아펜젤러의 최후는 다음과 같다. "아펜젤러는 허리까지 잠긴 물속에서 잡히지 않는 무엇인가를 더듬어 잡으려고 애쓰고 있었다."(Mr. Appenzeller up to his waist in water and groping vainly for something to take hold of.) 마침내 배는 45도 각도로 침몰했다. 그리피스는 보울비의 증언에 자신의 추측을 가미해 다음과 같이 해석한다.

"왜 아펜젤러는 옷을 다 입었는데도 갑판에 올라가는 일을 지체했을까? 그리하여 왜 자신의 목숨을 구할 수도 있는 1-2분의 골든 타임을 놓쳤을까? 이런 의문에 대한 해답은 그의 자기 희생적 정신으로 온전히 설명된다. 자신의 안전은 아랑곳하지 않고 조선인 비서와 돌봐야 할 어린 여학생을 불러 깨워서 갑판 위로 데리고 나오려다가 정작 자기 목숨은 잃고 말았던 것이다."(… Why Appenzeller, even though dressed, delayed to reach the deck, and thus lost the precious minute or two, in which he might have saved his own life, is fully explained by his self-sacrificial spirit. It was in attempting to get to his Korean secretary and to the little girl under his care, hoping to call and arouse them, and in not taking sufficient precautions for his own safety, that he lost his life.)

스웨어러(Wilber C. Swearer/徐元輔, 1871~1916) 선교사 역시 아펜젤러의 서거를 기리는 "추도사"(1902)에서 그 당시 이와 비슷한 미담이 민간에 전승되고 있음을 언급하고있다. 사람들은 아펜젤러의 평소 인품으로 보건대 능히 그러고도 남을 분이라고 믿었다는 것이다.

"그에게 결점이 있다면 그것은 너무나 자기 희생적이었다는 점입니다. 그가 조선인을 위해 오랫동안 희생하였을 뿐 아니라 마지막 순간에도 조선인을 위해 자기 생명을 바쳤다는 말이 지금 조선인들 사이에 회자되고 있습니다. 이들은 그가 살려면 살 수 있는 충분한 조건이 있었음에도 불구하고 조선인 교사와 어린 소녀를 깨우려 노력하다가 희생당한 것으로 믿고 있습니다."

(◀전면)

양화진 외국인 묘원이 있는 아펜젤러 추모비 (▲후면)

아펜젤러 선교사의 순직(殉職)

　　1885년 27세의 나이에 조선의 첫 선교사로 파송된 아펜젤러 목사(H. G. Appenzeller)는 목회자, 교육자, 출판가, 번역가 등 수많은 일들을 감당했으며, 조선의 복음화와 근대화에 지대한 영향을 미쳤다. 하지만 안타깝게도 1902년 6월 11일 전북 군산시 어청도 앞 바다에서 일어난 선박사고로 인해 44세의 나이에 죽음을 맞이했다. 알려진 바로는 일등석에 있던 아펜젤러 선교사는 삼등석에 있던 그의 조사인 조한규와 한 조선인 여학생을 구하기 위해 희생한 것으로 알려져 있으나 정확하지는 않다. 분명한 것은 그가 성서번역을 위해 선교활동을 하던 중 순직하셨다는 것이다.

　　아펜젤러는 언어에 뛰어난 능력이 있었고 고향에서는 번역가로 소개될 만큼 여러 언어에 관심이 많았다. 그는 그런 능력으로 조선어를 빨리 습득할 수 있었다. 조선어 성경번역을 위해 온 정열을 쏟던 그는 성서번역자회의 '신약젼서'의 수정과 보완 작업에 참석하기 위해 인천에서 배를 타고 목포로 가던 중 다른 선박과 충돌해 사고를 당하게 된 것이다. 당시에 레이놀즈 선교사가 목포에 있었기 때문에 함께 모여 번역작업을 하기 위해서 목포로 행했던 것이다.

　　그는 다른 위원들이 번역하지 못한 부분까지 맡아서 번역했으며 성서번역을 위해서라면 어디든 찾아 갔다. 그 결과, 아펜젤러는 1890년 3월 〈누가복음젼〉, 〈보라달로마인셔〉 3,000부씩을 삼문출판사에서 출간했다. 〈보라달로마인셔〉는 아펜젤러와 스크랜튼이 로스의 로마서를 수정한 것이다. ('보라'는 '바울'의 중국식 번역) 1892년 1월 20일 아펜젤러 번역 〈마태복음젼〉이 임시역본으로 발행되었고, 1900년에는 신약전서 전체의 번역이 완료되어 출간되었다. 아펜젤러가 번역을 한 본문은 〈마태복음〉, 〈마가복음〉, 〈고린도전·후서〉이다. 1900년 5월 5일 성서공회 주일, 아펜젤러는 정동교회에서 완성된 신약전서를 손에 들고 감격적으로 설교를 했다. 비록 그가 조선어 성서번역이 완성되는 것을 보지는 못했지만, 그의 헌신으로 인해 조선어 성서번역이 가능할 수 있었던 것이다.

양화진에 있는 엘리스 레베카 추모비 (1885년-1950년)

헨리 닷지 아펜젤러의 추모비 (1889년-1953년)

아펜젤러 아들, 딸의 조선 선교(宣敎)와 죽음

선교사 묘원에는 배재학당을 창설하고 조선감리교의 초석을 놓은 헨리 거하드 아펜젤러(1863년-1902년) 선교사 기념비, 아들인 헨리 닷지 아펜젤러(1889년-1953년)의 묘, 딸 엘리스 레베카 아펜젤러(1885년-1950년)의 묘가 있다. 교육, 출판, 성경번역의 선구자인 아펜젤러 선교사의 뜻을 이어받아 아들과 딸도 교육선교사로 헌신하였다.

아들 헨리 선교사는 1920년부터 20년간 아버지가 설립한 배재학당 교장으로 헌신하면서 학생들에게 신앙과 애국심을 강조해 한 때 일제로부터 교장인가를 취소 당하는 고초를 당하기도 하였다. 1953년 과로로 건강이 악화되자 미국에서 하나님의 부르심을 받았는데, 임종 전 "나를 조선 땅에 묻어주고 아버지께서 조선인들을 얼마나 사랑하셨는지 그들로 하여금 알 수 있도록 해 달라"고 유언했다고 한다. 그의 유해(遺骸)는 이듬해 10월 조선에 안장됐다.

딸 엘리스 선교사는 조선에서 태어난 최초의 선교사 자녀다. 군산 앞바다에서 부친이 선박사고로 순직(殉職)할 때 그녀는 고등학교 1학년이었다. 평생 독신으로 지내며 인재 육성에 주력했던 그녀는 이화학당을 이화여자전문학교로 승격시키고 교장으로 일했다. 1950년 채플에서 '반석 위에 집을 지으라'는 설교를 하던 중 뇌출혈로 쓰러져 순직했다. 각 사회단체 대표들은 그의 헌신에 보답하기 위해 정동제일감리교회에서 사회장(社會葬)으로 장례 예배를 드렸다.

감리 회보에는 이런 기록이 남아있다. "그녀는 평소에 자기는 죽어 조선 땅에 묻히기를 간절히 소원했다. 몇 해 후면 안식년으로 본국으로 가게 되었는데, 자기의 참 고향인 조선 땅에 뼈가 묻히지 못할 것을 슬퍼하여 늘 가슴을 졸였다. 예상보다 그의 떠남이 좀 빠른 듯하나 그의 유해는 그가 사랑하는 조선인의 손으로 조선 땅에 묻히게 되었으니 그의 소원은 이루어진 듯하다."(감리회보 1950년 2월 25일자)

아펜젤러 송덕비(頌德碑) 문

  정동교회는 선교 50 주년을 맞이하는 1935년 아펜젤러 목사의 공로(功勞)를 기리고 그의 숭고(崇高)한 덕(德)을 추모하여 아펜젤러가 지으신 그 교회당 안의 뒤편의 동쪽 벽에 그의 송덕(頌德)을 칭송하는 기념 십자가 부조(浮彫)물을 설치하였다. 그의 순직을 기리는 이 부조물에는 다음과 같은 글이 담겨있다.

    Henry Gerhart Appenzeller
    유아(唯我) 아공(亞公)   오직 아펜젤러공은
    선교(宣敎) 동래(東來)   선교를 위해 이 나라에 오셨네
    창건(創建) 학당(學堂)   배재학당을 처음 세우시고
    배양(培養) 영재(英材)   영재들을 배양하시고
    중시(重視) 여성(女性)   여성들을 중요하게 보시었네
    이화(梨花) 초개(初開)   이화학당을 처음으로 여시고
    구취(鳩聚) 성금(誠金)   성도들의 헌금으로
    회당(會堂) 신축(新築)   교회를 건축하시고
    활판(活版) 서시(書市)   인쇄로 책을 만드시고
    문풍(文風) 진숙(振肅)   새문화 풍속을 이 땅에 펴시었네
    번경(飜經) 순교(殉敎)   성경을 번역하시며 애쓰다 순교하시니
    창해(滄海) 무정(無情)   그 바다 무정도 하시구나.
    유자(有子) 유녀(有女)   아들도 두고 딸도 두시니
    극소(極紹) 가성(家聲)   그 가문의 명성을 이어 가시니
    구지(求之) 사책(史冊)   이런 일은 역사책에나 찾아볼 수 있으니
    여송(如松) 기희(機希)   송백같은 이러한 일은 아주 드문 일이로다

추모사가 말해 주듯이 그의 죽음은 지극히 안타까운 일이었던 것이다.

1935년 정동교회에서는 선교 50주년을 맞이하여 교회 뒤편의 동쪽 벽에 그의 송덕을 칭송하는 기념 십자가 부조(浮彫)물을 만들었다

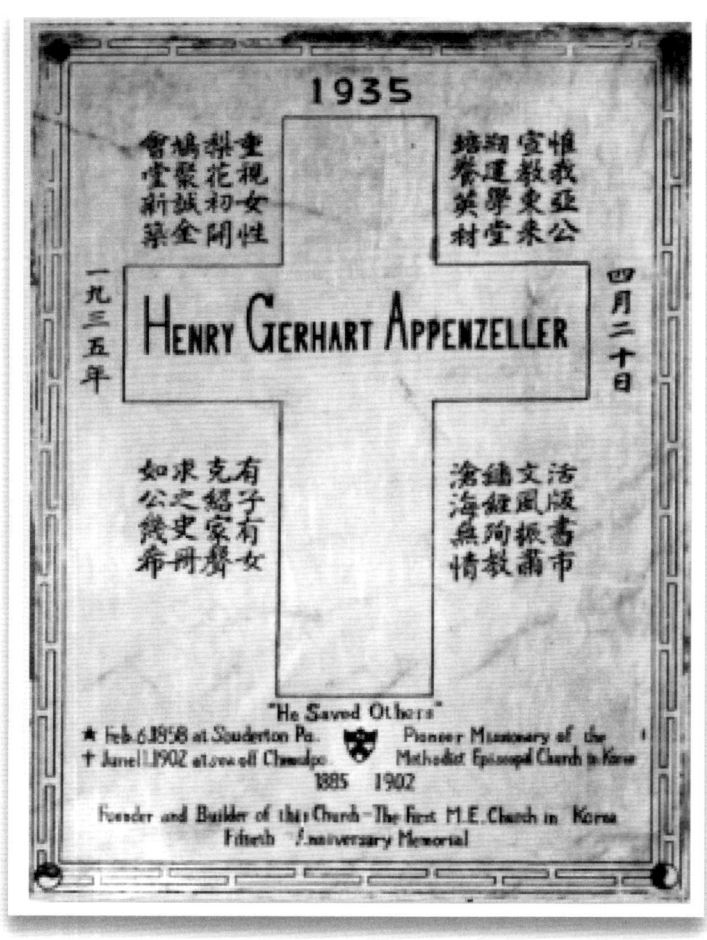

1903년 G.H. Jones(조원시) 선교사 추모문

H.G. 아펜젤러 선교사(1885-1902)

글쓴이: G.H. Jones(조원시)

　H.G. 아펜젤러 선교사(1885-1902)는 1902년6월11일 순직하였다. 이 글은 G.H. Jones(조원시) 선교사가 쓴 아펜젤러 1주기 추도문(追悼文)이다, 아펜젤러의 1주기 추도식은 1903년 5월에 19회 조선 선교연회 일정 중에 정동제일교회에서 연회원들이 참석한 가운데 열렸다. 이 추도문은 1903년 연회록(Official Minutes Of The Nineenth Annual Mission, Seoul Korea. May 1 to 7.)에 실린 글을 번역한 것이다.

《최후의 순간까지 따르겠나이다.》

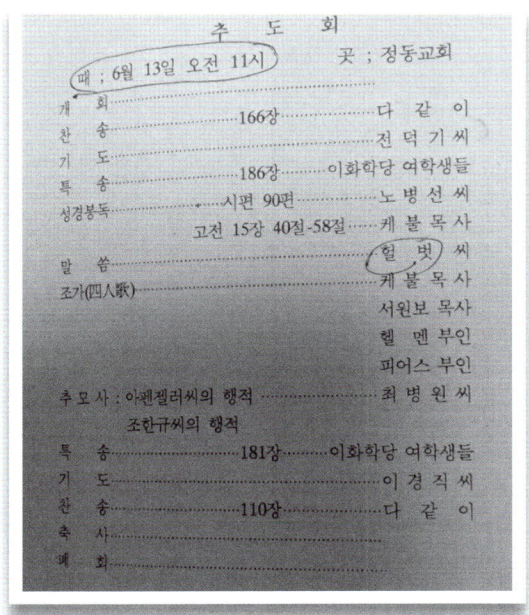

추도식 식순

헨리 게하르트 아펜젤러(Henry Gerhard Appenzeller)

헨리 게하르트 아펜젤러(Henry Gerhard Appenzeller)는 전도자, 선교사, 교육자, 편집자, 그리고 번역자로 뛰어난 인품을 가진 성실한 일꾼이었습니다. 1858년 2월 6일, 펜실베니아의 수도 수더톤(Souderton)의 작은 마을에서 태어난 그는 그곳에서 어린 시절을 통해 그를 훌륭한 사람으로 성장케 한 근면, 자립, 자존의 습성을 익혔습니다. 또한 그의 선교 초기에 격은 어려움과 고생 가운데서도 굳게 지켜나간 육체적 건강을 여기에서 얻었습니다. 그의 조상은 원래 독일계 스위스 캔톤스(Cantones)의 아펜젤(Appenzell) 계곡 출신으로 현재까지 이 이름을 성으로 사용했습니다. 초기의 종교교육은 독일 루터교회에서 받았으며 일생동안 복음주의 교회의 감독장(grand old communion primus)의 지고한 권위와 경건함을 나타내주는 위엄을, 그의 공식적인 선교활동을 통해서 보여주었습니다. 대학에서 교양과정을 준비하면서, 얼마 동안 공립학교에서 교사로 지낸 후 1878년, 고향 가까이의 펜실베니아 주 랭카스터의 프랭클린 마샬대학(Franklin and Marshall College)에 입학했습니다. 당시 그는 20세였다. 이 기간에 그는 감리교회에 입회하여, 여기에서 평신도 전도자(Lay Preacher)로서 전도에 대한 소명을 느끼기 시작하였습니다. 그러나 초기부터 그의 사역은 필연적으로 선교사였으며, 그의 첫 번째 파송은 학생시절 때 그가 다니던 랭카스터의 제일교회에서 운영하는 작은 선교처였다. 일생동안 선교사로 지내다가 이국땅에서 생을 마쳤습니다.

그후 언제나 그가 명예롭게 생각는 문학사를 수여해준 프랭클린 마샬대학의 교양학부를 졸업한 뒤, 1882년 가을 감리교회의 선교를 위한 완벽한 자격을 갖추기 위해 드류 신학교(Drew Theological Seminary)에 입학했습니다. 장엄한 신학부의 환경에서 그의 성격과 재능은 최고로 유능한 선교사의 자질을 위해 훈련받았습니다. 버츠(Buttz)학장, 밀레이(Miley)박사, 스트롱(Strong) 박사, 업햄(Upham) 박사, 크룩스

(Crooks) 박사와 같은 분들의 교습과 지도로 그는 교회가 자랑할 만한 자질을 갖추었습니다. 이러한 분들은 그에게 커다란 영향을 주었고 일생동안 그분들 밑에서 보낸 날의 기억들은 기쁨이 되었으며, 언제나 그들에 대해서 이야기했습니다. 드류에 있는 동안에도 적극적인 선교활동과 사업을 계속하여 대학에서 주어지는 최고의 선물인 파송을 받을 때까지 그의 길을 걷고 있었습니다. 오늘날까지 그는 드류에서의 기억이 아름답게 남겨진 채 떠나갔습니다. 많은 동기생들이 교회에서 이미 명예롭고 책임 있는 일을 맡고 있으나, 그들보다 뒤지지 않는 훌륭한 인물이 되었습니다.

신학교를 졸업하기 전 그는 해외선교에 헌신키로 결심하였습니다. 그때 발티모어의 가우처(John F. Goucher) 박사의 많은 헌금으로 가능케 된 조선 선교를 위한 선교사가 요청되고 있었습니다. 그는 이러한 부름에 기꺼이 응했습니다. 1884년12월, 그의 일생에 가장 중요한 두 사건이 일어났는데, 하나는 펜실베니아 랭카스터의 엘라(Ella J. Dodge)양과의 결혼이고, 또 하나는 조선으로의 파송입니다. 1885년1월, 대학 졸업 시험에 합격하고 신학사의 학위를 받고 졸업했으며, 그는 아내와 함께 그들의 선교지로 떠날 준비를 하였습니다. 그들은 선교부의 설립을 위해 스크랜튼 박사부부와 그의 어머니 스크랜튼(M.F. Scranton) 대부인과 함께 동행 하였습니다. 샌프란시스코를 떠나 파울러(Fowler) 감독을 만나 아페젤러는 집사목사(Deacon)와 장로목사(Elder) 안수를 받았으며, 그가 일생 동안 회원으로 지낸 필라델피아 연회의 회원이 되었습니다. 그는 일본으로 건너가서 잠시 그의 동료들과 감리교 조선선교부(the Koreaa Mission of the Methodist Episcopal Church)를 조직하였는데 명목상 감리사는 중국과 일본에서 오래 활동한 맥클레이(R.S. Maclay) 박사가 되었으며, 아펜젤러는 부 감리사(Assistant Superintendent)가 되었습니다. 1885년4월, 조선에 도착하여 이때부터 아펜젤러의 일생은 조선인들 가운데 그리스도의 왕국을 세우는 일에 헌신하였습니다. 조선에서 17년 동안 그가 행한 일들을 하나씩 더듬어보는 것은 조선 기독교 역사의 많은 부분을 기술하게 될 것입니다. 이런 서술은 조선교회 기록의 많은 양이며 동시에 매우 훌륭한 것이며 감리교회(Methodism)가 앞으로 계속 자부심을 가지게 되는 것 중이 하나가 될 것입니다. 그러나 우리는 그의 업적 중에서 매우 극소수만을 기술하게 될 것입니다.

1887년, 그는 조선에서 전임 감리사(Full Superintendent)가 되어 1892년에 안식년 휴가로 미국에 돌아갈 때까지 이러한 중요하고 고귀한 업무에 지칠 줄 몰랐습니다. 저급한 문명의 상태에서, 은둔자와 같이 어둠과 무지의 사람들과 함께 초기의 상황에서부터 복잡한 문제에 직면하고 해결해야 할 난관을 만났습니다. 그가 일하는 가운데 당면한 육체적이고 도덕적 문제는 이루 말할 수 없었습니다. 그가 직면한 난관은 가장 강건한 정신의 소유자도 꺽일 만한 것이었습니다. 그가 만약 좀 더 약한 사람이었다면 모두 포기해야 할 일이었습니다. 그는 어떠한 교사나 심지어 책도 없이 언어를 습득했습니다. 이국인들에 대해 의심하고 증오하는 나라와 화해해야만 했습니다. 또한 기독교는 모든 쓸모없는 사람들의 모임이라고 믿는 이들에게 기독교를 옹호해야만 했습니다. 그는 모든 장애물을 인격, 능력, 그리고 선한 성품의 힘으로 극복해 나아갔습니다.

그는 배재학당(paichai College)을 설립하여 그의 대부분의 선교사 활동을 학교의 교장으로 봉직하였습니다. 초기 감리교회의 개종자들에게 세례를 주었는데 이들은 이 나라의 최초 교회의 기초를 닦는 원동력이 되었습니다. 그는 글로 자신을 나타냈고 한글을 사용했고, 한글로 성경을 번역하는 일을 도왔습니다. 그는 공공심을 가진 자이며 연합교회(the Union Church), 대한성교서회(Korean Religious Tract Society), 서울 유니온(the Seoul Union), 외국인 묘지협회(the Cemetery Association), 대영 왕립 아시아학회의 조선지부(the Korea Branch of the Asiatic Society)의 중추적인 회원이 되었습니다. 사실상 그는 지역사회의 중요한 인물이었으며, 모든 방면에서 그렇게 인식되었습니다.

선교사로서 그는 많은 여행을 한 대단한 인물이었습니다. 그는 반도의 한쪽 끝에서 다른 끝까지 알려졌습니다. 그는 이 나라의 모든 지역을 여행하였으며 사람들과 매우 친근한 관계를 가졌습니다. 일하던 인부도 일하다 말고 그에게 인사를 했고, 친구들에게 존경하는 그에 대해 설명을 했습니다. 학자들도 그의 박식과 교육과 그의 활동에 대해 존경을 표했습니다. 양반 계층들도 그들의 친구로서 그를 대하기를 기뻐했습니다. 정부에서도 그를 진정한 친구로서 여기게 되었으며, 더 나아가 중요한 자리에 함께 하여 국사를 논하기도 하였습니다.

그는 동료와 함께 "코리안 리포지토리"(The Korean Repository)를 편집하여 5권까지 발행하였는데, 이 책자는 오늘날 영어로 된 것으로는 조선에 관해 모은 글 중에서 가장 가치 있는 것으로 여겨집니다.

그의 삶과 가르침은 조선교회에 깊은 인상을 남겼습니다. 그들은 그의 커다란 사랑을 알았고, 깊고 지속적인 애정으로 이를 보답했습니다. 수많은 사람들이 그를 신앙의 아버지로 삼아 전국각지에 흩어져서 일생동안 지속될 축복으로 그를 기억하고 있습니다.

우리는 그의 삶에 대한 자세한 기록은 미래의 조선교회의 역사가에 남겨둡니다. 이것은 다른 교회의 역사의 내용들과 매우 긴밀하게 짜여

있기 때문에 다른 요소들을 희생하지 않고서는 무시될 수 없기 때문입니다. 그는 매우 창조적인 인격의 사람으로 일생의 과업을 위한 계획은 매우 풍부했습니다. 선교본부에서 그에게는 선교사에게 맡겨지는 모든 가능한 사업들을 거의 모두 요청했습니다. 여러번 그는 감리사, 대학교 학장, 회계, 장로사, 편집자, 번역가의 일을 감당했습니다. 선교사로서 그는 가장 열심히 일하였으며, 매우 훌륭한 업적을 남겼습니다.

1902년5월, 평양에서 열린 연회에서 그는 조선 남부 지방의 장로사로 임명되었습니다. 얼마 후 무어(Moore) 감독과 함께 자신의 관할 지역 중 한 곳을 방문하던 중, 일본의 철도노동자 일당들에게 습격을 받아 부상당했습니다. 공격자들은 구속되었으며 아펜젤러는 목포에서 개최되는 성거번역 위원회에 참석하기로 되어 있었으나 재판의 증인으로 서기 위해서 얼마동안 서울에 머물러 있어야만 했습니다. 불가피한 사정으로 머물러 있다가 오사까 상선회사인 구마가와 마루(the Kumagawa Maru)라는 증기선을 타게 되었습니다. 그는 조선인 조사와 부모에게 데려다주기로 한 어린 조선 소녀를 책임졌습니다. 6월11일 밤, 남쪽으로 항해하던 이 배는 같은 회사의 또 다른 증기선 기소가와 마루(the Kisogawa Maru) 호와 충돌하여 침몰했습니다. 그 사고는 매우 순식간에 일어났으므로 어떤 상황들이 벌어졌는지 자세히 알 수 없으나 생존자의 말에 의하면 마지막 순간에 2등 선실로 향하는 승강구로 그가 가고 있었다고 합니다. 만약 그렇다면 이러한 위험과 죽음이 순간에서도 그는 자신이 맡은 조선인들만이 그의 관심이었던 것입니다. 이것이 우리가 믿는 것입니다. 삶에 있어서 그의 마지막 노력은 조선인을 돌보고 염려하는 것이었습니다.

그는 불운한 배와 그가 사랑한 조선인들과 함께 사라졌습니다. 바닷물은 그를 삼켰고 그의 무덤을 간직하고자 하는 우리의 작은 소망도 앗

아갔습니다. 우리는 다만 흰 거품이 출렁이는 짠 바닷물이 순식간에 사랑하는 형제의 모습을 삼켜버렸다는 사실만 알 뿐입니다. 그는 안식처를 나타내는 비석이나 장식도 없는 회색빛의 쓸쓸한 바다 속에 잠들어 있습니다. 그러나 그의 무덤은 인간이 가질 수 있는 가장 큰 것입니다. 우리는 그가 죽었다고 말합니다. 그러나 그렇지 않은 것은 뒤에 남겨진 우리의 마음속에 그가 결코 죽지 않았기 때문입니다. 어떤 이들은 그가 죽은 뒤에 웅장한 기억만을 남겨둔다고 합니다. 그러나 우리의 형제는 더 큰 것을 남겼습니다. 그는 그가 도와주었던 많은 사람들의 삶 속에 그의 자신을 도덕적 선함(Moral Good)으로 투영시켰으며, 그는 영원히 우리 삶에 살아있습니다. 종소리는 그치고 조용해졌으나 그 달콤하고 은은한 소리는 아직도 그가 풍요롭게 해 주었던 사람들의 말과 행동 속에 울리고 있으며, 많은 영혼들의 은밀한 마음 한구석에서 헨리 게하르트 아펜젤러(Henry Gerhard Appenzeller)의 이름이 언급될 때마다 축복의 기도가 속삭이고 있습니다.

이제 잠시 우리 형제의 사람됨과 인격에 관해서 살펴보고자 합니다. 아펜젤러는 예의바른 사람이었습니다. 본질적으로 예의는 작은 희생을 필요로 합니다. 그의 일생은 타인을 위한 진심어린 신중한 이해로 일관되었습니다. 그의 동료를 향한 그의 태도는 언제나 인정이 넘쳤고 숙녀들에게는 의협심 많은 기사였습니다. 그의 인사는 항상 아름다운 온화함이었고 친구들에게 용기를 북돋아주었습니다. 그의 우정은 존경하는 친구들에게 가장 좋은 것을 불어넣어 주는 것이었으며 따라서 그렇게 보답되었습니다. 그는 우애가 깊었습니다. 언제나 친구들을 변호해 주었습니다. 나침판의 바늘이 북쪽을 향하듯, 해시계가 해를 바라보듯 그는 친구들에게 그러했습니다. 어떤 특별한 일을 성취한 친구들에게 축하의 짧은 글을 보내는 것은 그의 즐거움이었고, 그의 진심에서 우러나온 자그마한 칭찬의 말들이 오늘날까지 소중하게 기억되고 있습니다.

그는 친구들을 사랑했습니다. 그는 모든 이들을 사랑했고 그의 형제애로 모든 나라의 사람들에게 존경 받았습니다. 그의 동정심은 매우 많아서 조선의 어떤 이보다 슬픔과 비탄에 잠겨있는 사람들을 위로했습니다. 그는 언제나 웃을 준비가 되어 있었고, 기쁨의 일에 함께 하였습니다. 그와 동시에 재난이나 슬픔에 잠겨있는 친구들에게 풍부한 동정을 베풀 수 있는 준비도 되어 있었습니다. 그를 아는 모든 가정은 그가 오는 것을 기쁘게 반겼으며, 어린이들의 존경과 기쁨의 대상이 되었으며, 자기 집에서 혹은 친구의 집에서 어린이들을 무릎에 앉히고 그의 팔로 안고 이야기를 들려주는 그의 모습을 자주 볼 수 있었습니다.

그는 용기 있는 사람이었습니다. 그는 절대로 일터로부터 패배하여 물러서지 않았습니다. 그는 호전적이었습니다. 그것은 마치 클라이언(Clarion) 처럼 우렁찬 목소리를 통해 나타났습니다. 이교도들이 외국인에 대한 거짓 소문에 의해 흥분하여 창과 칼로 위협하고, 외국인들을 도시와 시골로부터 몰아내려고 할 그날 밤에도 선교부의 재산과 소유지를 보호하면서 자신의 위치를 굳건히 지켰습니다. 초기에 여러 번 어려운 상황에 부딪치면서도, 위험과 전쟁, 전쟁의 뜬소문이 발생하여도 그를 위축할 만한 위력이 되지는 못했습니다. 여러 번의 질병으로 인해 죽을 고비를 넘겼으며 조선인들이 매일 수백명씩 무서운 콜레라로 인해 죽어가고, 그의 주위에서 이루 말할 수 없는 일들이 발생해도 그는 자신의 위치를 굳건히 지켰습니다. 도덕적인 문제에 있어서 그는 그의 심념과 동일한 용기를 가지고 있었습니다. 그는 죄를 미워했으며 죄와 타협하는 것을 용납하지 않았고 이를 고발하는 것을 주저하지 않았습니다. 그는 마음에 들지 않는 일로부터 도망하지 않았고 책임을 회피하지 않았습니다. 그는 충성스러웠습니다. 그는 그가 선택한 교회에 충성을 다하였습니다. 그는 교리를 사랑했고 그 법칙을 지켰으며 교회의 역사를 소중히 여겼으며 그 기관들을 보호했으며 성인들과 지도자들을 존경했습니다. 찬송가는 마음에 위안이 되었습니다. 그 자신의 영혼의 삶은 자신이 행한 수많은 경험들에 의해 풍성해졌고 교회의 신조는 그가 추구하는 영원한 희망의 확고한 기초가 되었습니다. 그는 교회의 발전을 위해 살았으며 교회봉사에 헌신했습니다. 그는 감리교(Methodism)가 추구하는 복음주의적 기독교(Evangelical Christianity)의 정신, 체제, 정책 등을 조선인에게 전해야 한다는 신성한 책무를 자각하고 있었습니다. 그는 그를 구속한 진리에 언제나 진실했다고 할 수 있으며, 사람하고 소중히 여긴, 쇠퇴하지 않고 오염되지 않는 믿음을 조선인에게 전해주었습니다. 그는 교회에 충성을 다했습니다. 그는 그리스도의 임재와 주님의 무한한 영광 속에서 살았으며 매 순간 그의 위대한 지도자에게 눈을 돌릴 때마다, 이렇게 외쳤습니다.

"주여 앞장 서 옵소서, 제가 따르겠나이다.
진리와 충성으로 최후의 순간까지 따르겠나이다."(H.G Appenzeller)

[아펜젤러를 더 알기위해 읽을 만한 추천 도서]

게일, 신복룡 역, 『전환기의 조선』(서울, 집문당, 1909)
김명현외 8인, 『한국 감리교 인물사전』(서울, 기독교대한감리회, 2002)
김낙환, 『우남 이승만 신앙연구』, (서울, 영상복음, 2022)
　　　　『아펜젤러 행전』, (서울, 영상복음, 2022)
김민영, 『한국 초대 교회사』, (서울, 쿰란출판사, 1898)
김석영, 『처음 선교사 아펜젤러』, (서울, Kmc, 2011)
김진형, 『한국 초기선교 90년』, (서울, 진흥, 2006)
김폴린, 『한국 기독교 교육의 역사』(서울, 대한기독교서회, 1992)
리진호, 『아펜젤러와 조성규의 조난사건』, (충북, 도서출판 우물, 2006)
다니엘 기포드, (심현녀)역, 『조선의 풍속과 선교』, (서울, 한국기독교역사연구소, 1995)
매티 윌콕스 노블, 『노블일지 1892-1934』, (서울, 이마고, 2010),
백낙준, 『한국 개신교사 1832-1910』, (서울, 연세대학출판부, 1927)
사우어(C.A.Sauer), 『은자의 나라 문에서』,(서울, 한국기독교역사연구소, 2006)
송수천, 『배재 80년사』, (서울, 배재학당, 1965)
셔우드 홀, (김동열 옮김)　『닥터 홀의 조선회상』, (서울, 좋은씨앗, 2003)
아펜젤러(조성환 역), 『헨리 G. 아펜젤러의 보고서 I』, (대전, 배재대학출판사, 1997)
　　　　　　　　　　　『헨리 G. 아펜젤러의 보고서 II』, (대전, 배재대학출판사, 1997)
　　　　　　　　　　　『질그릇 속의 보물』, (대전, 배재대학출판부, 1995)
오영교, 『정동제일교회 125년사, 제1권 통사편』, (서울, 정동제일교회, 2011년)
　　　　『정동제일교회 125년사, 제2권 조직사, 인물편』, (서울, 정동제일교회, 2011년)
　　　　『정동제일교회 125년사, 제3권 자료편』, (서울, 정동제일교회, 2011년)
유동식, 『한국감리교회 사상사(思想史)』, (서울, 전망사, 1993)
　　　　『정동제일교회의 역사 1885-1990』, (서울, 정동제일교회, 1990)
　　　　『한국감리교회의 역사 1884-1992』, (서울, 기독교대한 감리회, 1994)
유영익, 『젊은 날의 이승만』(서울, 연세대학 출판부, 2002)
윤성렬, 『도포입고 ABC, 갓 쓰고 맨손체조』, (서울, 학민사, 2004),
이만열, 『아펜젤러』, (서울, 연세대학출판부, 1985)
이성덕 외 7인, 『배재인물평전』, (대전, 배재대학, 2012)
이재은, 『세기의 증언』, (서울, 정동교회 100년 역사 편찬위원회, 1986)
장광영, 역사위원회 엮음, 『한국 감리교 인물사전』, (서울, 기독교대한 감리회, 2002)
찰스 스톡스(Charles D. Stokes) 장지철, 김흥수 역, 『미국 감리교회의 한국 선교역사 1885-1930』

사진으로 보는 H.G. 아펜젤러

초판 인쇄 2025년 10월 30일

지은이 김낙환
펴낸이 (사) 아펜젤러 기념사업회
펴낸곳 영상복음

인 쇄 영상복음
주 소 서울시 종로구 사직로 6길 16
등 록 제 851-32-00356 호
전 화 010-3949-0209

ISBN 979-11-94870-05-0